Gartenmomente
GEMÜSEGARTEN
EMF
EIN BUCH DER
EDITION MICHAEL FISCHER

INHALTSVERZEICHNIS

VORWORT

Das eigene Gemüse anbauen, frische und gesunde Lebensmittel ernten, sich mit einer geschmackvollen Vielfalt Genuss bescheren. Bei immer mehr Menschen wächst die Lust, das eigene Stück Gemüsebeet zu verwirklichen. Und so werden Vorgärten zu Nutzgärten umgestaltet, Balkone und Hinterhöfe werden zu Inseln für frisches Grün, und auf dem Krautacker und im Gemeinschaftsgarten wird die eigene Ernte erzeugt.

Seit Jahren ist dieser Trend ungebrochen. Die Gründe hierfür sind so vielfältig wie das Gemüse, das angebaut wird. Mal steht einfach die Freude am Gärtnern und an den eigenen Tomaten und Salaten im Vordergrund. Ein andermal soll der Anbau im Garten oder auf dem Acker die Selbstversorgung mit saisonalen Erzeugnissen rund um das Jahr ermöglichen. Allen gemeinsam ist jedoch der Wunsch nach einer unbelasteten und geschmackvollen Ernte.

Dazu passt das biologische Gärtnern mit alten und samenfesten Gemüsesorten, die diesem Bedürfnis und den Bedingungen des Haus- und Hobbygärtners entgegenkommen. Gleichzeitig lässt sich eine Sortenvielfalt an Farben, Formen und geschmacklichen Varianten kennenlernen, die unser gängiges und einheitliches Handelssortiment weit übertrifft.

Dieses Buch soll Anregungen geben, mit erprobten samenfesten Gemüsesorten erfolgreich zu gärtnern und sich die Vielfalt und den besonderen Geschmack in die Küche und auf den Teller zu holen. Gleichzeitig kann mit der Erhaltung und der Vermehrung einer Lieblingssorte im eigenen Garten vielleicht sogar die eine oder andere historische Gemüsezüchtung vor dem Aussterben bewahrt werden.

In diesem Sinne: Viel Freude beim Lesen, an der praktischen Umsetzung und einen reich gefüllten Erntekorb!

GARTEN WISSEN

DER BIOLOGISCH BEWIRTSCHAFTETE GARTEN

Viele Gemüsegärtner möchten ihren Garten biologisch bewirtschaften, um gesundes Obst und Gemüse zu ernten. Biologisches Gärtnern erzeugt jedoch nicht nur unbelastete und hochwertige Lebensmittel, sondern schafft darüber hinaus wichtige Lebensräume für eine Vielzahl von Lebewesen, die zunehmend verloren gehen.

DAS GLEICHGEWICHT IM GARTEN

Vor allem zu Beginn mag biologisch zu gärtnern etwas Geduld erfordern. Schließlich muss dem Garten die Möglichkeit und Zeit gegeben werden, ein ökologisches Gleichgewicht zu entwickeln. Dabei können Sie die Bildung dieses Gleichgewichts aktiv unterstützen.

Einer der wichtigsten Grundsätze im Biogarten ist der Verzicht auf chemische Pflanzenschutz- und Düngemittel. Ein Gleichgewicht kann sich nur einstellen, wenn nicht einseitig und gegen einen Teil der Natur eingegriffen wird. Außerdem werden beim Einsatz beispielsweise von Pestiziden nicht nur die Schädlinge oder Krankheiten dezimiert, die es treffen soll, sondern es werden ebenso viele andere und nützliche Lebewesen in Mitleidenschaft gezogen. Schließlich handelt es sich hier um Gifte, und ein Gift kann nicht zwischen Schädling und Nützling unterscheiden. Besonders negativ wirken sich einige Pestizide auf Honig- und Wildbienen aus, die wichtige Bestäuber für Obst- und Gemüsepflanzen darstellen.

Die Gesundheit unserer Pflanzen wird besser durch passende und vorbeugende Kulturmaßnahmen und biologische Pflanzenstärkungsmittel zur Bildung von Abwehrkräften gefördert. Gleichzeitig werden Pflanzen für den Biogarten gewählt, die an unsere Klimabedingungen und Jahreszeiten sowie an den jeweiligen Standort angepasst sind. Lichtverhältnisse und Bewässerung müssen auf die Bedürfnisse der jeweiligen Pflanzen abgestimmt sein. Eine vielfältige Mischung aus robusten Nutzpflanzen, wie sie früher schon in Bauerngärten und Klöstern angebaut wurden, heimischen Wild- und Kräuterpflanzen sowie Insekten- und Bienenweiden ermöglicht die Bildung von naturnahen und gleichzeitig gesunden Pflanzengemeinschaften. Unter solchen Bedingungen können Nützlinge im Garten Lebensraum finden, ihre Arbeit tun und als Gegenspieler zu Krankheiten und Schädlingen agieren.

Naturnahe Plätze im Garten mit Nektar- und Samenpflanzen, Totholz und Nisthilfen unterstützen zusätzlich die Ansiedlung von Nützlingen. Die Verwendung schadstofffreier Baumaterialien wie unbehandelte Hölzer etwa für Hochbeete oder Natursteine für Einfassungen und Mauern fördern außerdem ein natürliches Klima im Garten.

RESSOURCEN SCHONEN OHNE TORF

Torf gehört nicht in den Biogarten. Im Gartenhandel erhältliche Pflanz- und Gemüseerden sind zum großen Teil mit Torf versetzt, da Torf eine bodenverbessernde Wirkung nachgesagt wird. Dabei ist Torf keineswegs eine Komponente, die für gesundes Pflanzenwachstum im Gemüsegarten nötig ist. Ganz im Gegenteil: Torf senkt den pH-Wert, und der Boden versauert langfristig. Eine Verbesserung des Bodens wird hingegen durch biologische Maßnahmen wie Rückführung von Nährstoffen, Fruchtfolge, Bodenschutz und Förderung der Bodenlebewesen erreicht.

TORFABBAU

Derzeit werden in Deutschland jährlich etwa zehn Millionen Kubikmeter Torf aus Mooren verbraucht – davon etwa zweieinhalb Millionen allein von Freizeitgärtnern. In Deutschland sind bereits 99% der Moore zerstört, und in den Ländern Osteuropas nimmt der Torfabbau weiter zu. Moore sind jedoch wichtige Lebensräume für bedrohte Pflanzen- und Tierarten, speichern Kohlendioxid, wirken damit dem Klimawandel entgegen und helfen durch ihre Pufferwirkung, Überschwemmungen vorzubeugen. Einmal abgebaute Torfmoore, die sich über Jahrtausende gebildet haben, können sich – wenn überhaupt – nur über einen sehr langen Zeitraum wieder renaturieren.

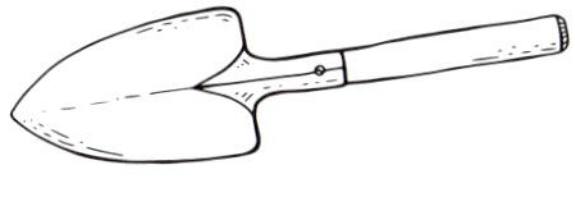

BIOLOGISCH GÄRTNERN MIT DER NATUR

Im biologischen Garten können die natürlichen Kreisläufe als Vorbild für das eigene Handeln dienen. Ziel ist es, mit der Natur zu arbeiten für ein nachhaltiges Zusammenleben von Mensch, Pflanze und Tier. Dies kann auf unterschiedlichste Weise geschehen, und bereits die Kompostherstellung, ein natürlicher Prozess, bei dem Kleinstlebewesen organisches Material wieder in fruchtbare Erde verwandeln, ist ein hervorragendes Beispiel. Ebenso kann der ewige Kampf gegen Unkräuter durch ein Arbeiten mit der Natur ersetzt werden. Schließlich besiedelt die Natur jedes Stück offenen (Garten-)Boden in Windeseile, um ihn vor Erosion und anderen Einflüssen zu schützen. Der Gärtner kann der Natur entgegenkommen und den Boden so bestellen, dass die Pflanzen in einer Kombination aus Mischkultur, Fruchtwechsel und Mulch den Boden permanent bedecken und die Besiedelung durch Beikräuter weitestgehend überflüssig wird.

Nimmt man sich die Zeit, den Garten und seine Bewohner zu beobachten, lassen sich viele Wechselwirkungen zwischen Pflanzen und Tieren feststellen. Dies können beispielsweise Reaktionen auf Schädlingsbefall oder Pflanzennachbarschaften sein. Aus vielen dieser Beobachtungen können wir etwas lernen und wieder für den Garten nutzen. Und letztendlich erfreut ein biologisch bewirtschafteter Nutzgarten, in dem es blüht, singt, zirpt und schwirrt, jedes Gärtnerherz.

FRUCHTBARER BODEN – UNSER HÖCHSTES GUT

Fruchtbarer Boden ist die Grundlage unseres Lebens und unserer Ernährung. Nur auf fruchtbarem Boden können Pflanzen wachsen, die wiederum Tiere und Menschen ernähren und gleichzeitig mit Sauerstoff versorgen.

DIE FRUCHTBARE HUMUSSCHICHT

Die fruchtbare oberste Schicht unserer Böden, meist 10–30 cm tief, enthält einen hohen Anteil an Humus. Die Ausgangsstoffe für Humus sind abgestorbene Pflanzenteile wie Laub, Rinde, Stängel und Blätter sowie tote Lebewesen. In der Natur gibt es keinen Abfall, und so werden diese Stoffe mithilfe von Bodenlebewesen zersetzt und in fruchtbaren Humus umgewandelt, aus dem Pflanzen wichtige Nährstoffe aufnehmen können. Damit schließt sich der Nährstoffkreislauf der Natur.

BODENLEBEWESEN

In der oberen Bodenschicht eines fruchtbaren Bodens leben neben Regenwürmern, Käfern und Larven pro Quadratmeter etwa eine Billiarde Bakterien, Pilze und andere pflanzliche und tierische Mikroorganismen. Ohne diese Kleinstlebewesen könnte der Nährstoffkreislauf nicht funktionieren, und es wäre kein Pflanzenwachstum möglich.

Die moderne konventionelle Landwirtschaft stört die Bodenlebewesen oder tötet sie sogar ab. Doch ohne ein gesundes Bodenleben ist die Erhaltung oder Neubildung von Humus nicht mehr möglich, und der Boden wird unfruchtbar.

BODENFRUCHTBARKEIT

Wenn wir uns vergegenwärtigen, dass wir durch Anbau und Ernte dem Boden Nährstoffe und Energie entziehen, ist zu verstehen, dass diese dem Boden wieder zugeführt werden müssen, um den für einen fruchtbaren Boden so wichtigen Nährstoffkreislauf zu erhalten. Im biologischen Land- und Gartenbau wird daher unter anderem auf giftige Pestizide verzichtet und versucht, über organische Düngung (z. B. Mist), Mulch, Gründüngung und Untersaaten die Bodenlebewesen zu unterstützen, die Bodenfruchtbarkeit zu erhalten und Humus aufzubauen. Weiterhin hat jede Pflanze ihre individuellen Nährstoffbedürfnisse und gibt gleichzeitig über ihre Wurzeln bestimmte Stoffe in den Boden ab. Wird immer nur eine Pflanzenart angebaut, wird der Boden einseitig ausgelaugt, und er kann die Pflanzen nicht mehr ausreichend versorgen. Mischkulturen und Fruchtfolge dagegen unterstützen ein ausgeglichenes Nährstoffverhältnis im Boden. Es entsteht sozusagen ein natürliches Geben und Nehmen.

BODENTYPEN

Je nach Region unterscheiden sich Struktur und Qualität von Böden. Für die Bearbeitung und Bewirtschaftung der Böden ist es wichtig, die Bodenverhältnisse richtig einzuschätzen und die passenden fruchtbarkeitsfördernden Maßnahmen zu treffen.

SANDIGER BODEN

Sandiger Boden besteht aus relativ groben Körnern, die sich schnell erwärmen. Der Boden ist sehr wasserdurchlässig, Nährstoffe werden leicht ausgewaschen, und der Boden trocknet schnell aus. Eine Bodenverbesserung wird durch Einarbeitung von Humus erreicht und durch regelmäßige Gaben von Kompost, Gesteinsmehl sowie Mulch und Gründüngung unterstützt.

TONIGER BODEN

Toniger Boden besteht aus sehr feinen Bodenteilchen. Nährstoffe und Wasser werden gut gehalten. Es gelangt allerdings wenig Luft an die Pflanzenwurzeln, und die Erwärmung erfolgt langsam. Tonböden neigen zu Verdichtungen und zum Hartwerden. Damit sie besser durchlüftet werden und lockerer bleiben, kann man sie durch Zugabe von Sand und Kompost sowie durch Auflockerung und Mulchen verbessern.

LEHMIGER BODEN

Lehmboden enthält feine Bodenteilchen und Sand bei einer mittleren Durchlüftung und kann bei Trockenheit ebenfalls hart werden. Insgesamt sind lehmige Böden meist recht fruchtbar und lassen sich durch Maßnahmen wie regelmäßige Kompostgaben, Auflockerungen und Mulchen in der Bodenqualität verbessern.

MOORIGE UND FEUCHTE BÖDEN

Bei moorigen und recht feuchten Böden sind Kompostzugaben zu empfehlen. Für den Gemüseanbau sind sie oft zu sauer. Hier kann das Einarbeiten von Gesteinsmehl und Algenkalk hilfreich sein. Auch der Aufbau von Hoch- oder Hügelbeeten kann eine Alternative darstellen.

EINFACHE BODENPROBE

Nicht immer sind Böden einem Bodentyp eindeutig zuzuordnen. Für eine Bestimmung nehmen Sie etwas leicht feuchten Gartenboden und versuchen, ihn in der Hand zu einer Kugel zu drehen. Eher sandiger Boden ist an hellen Einzelkörnern sicht- und fühlbar, und es lässt sich keine Kugel formen, da die Bodenbestandteile auseinanderfallen. Je niedriger der Sandanteil, umso weniger Einzelkörner sind erkennbar. Ist die Erde dabei zunehmend klebrig und formbar, ist von einem lehmig-tonigen Anteil auszugehen. Stark tonigen Boden erkennen Sie daran, dass die Erde besonders gut form- und rollbar ist. Hat der Boden eine lockere und krümelige Struktur ohne erkennbaren Sandanteil, ist von einem hohen Humusanteil auszugehen.

MESSUNG DES PH-WERTS

Mittels eines pH-Messgeräts oder pH-Teststreifens kann der pH-Wert des Bodens ermittelt werden. Der ideale pH-Wert für den Anbau von Gemüse liegt etwa zwischen 6,5 und 7,2. Bei einem niedrigeren Wert ist der Boden eher sauer und beispielsweise für Blaubeeren oder Rhododendron geeignet. Ein höherer Wert weist auf einen zu kalkreichen, alkalischen Boden hin, in dem die meisten Kulturpflanzen nur schwer gedeihen. Den Boden verbessern können Sie durch Kompost, Mulch und Gründüngung.

ALTE UND SAMENFESTE GEMÜSESORTEN

F1 ODER SAMENFEST?

Eine samenfeste Gemüsesorte wird über Jahre auf bestimmte Eigenschaften gezüchtet. Dies können Ertrag, Geschmack, Form, Resistenzen und vieles mehr sein. Vermehrt man diese Sorten über ihr Saatgut, erhält man in den nächsten Generationen Pflanzen mit denselben Eigenschaften.

F1-Saatgut bezeichnet Hybridzüchtungen, die nicht samenfest sind. Es handelt sich hierbei um eine Kreuzung in erster Generation. In dieser ersten Generation erhält man einheitliche Nachkommen. Vermehrt man diese Nachkommen weiter, tritt in der nächsten Generation – der F2 – die größtmögliche genetische Aufspaltung auf. Dies bedeutet, dass die genetischen Eigenschaften der Kreuzungspartner in den Nachkommen in den verschiedensten Variationen zutage treten und man sozusagen einen bunten Blumenstrauß erhält. Daher muss das Saatgut von F1-Sorten jedes Jahr aufs Neue zugekauft werden.

Samen alter Gemüsesorten sind im Handel oft nicht erhältlich. Sie werden meist in Saatgutarchiven und von privaten Erhaltern angebaut, vermehrt und vor dem Aussterben bewahrt. Über viele dieser Organisationen und Erhalter lässt sich Saatgut beziehen oder tauschen. Gleichzeitig haben sich Biogärtner des samenfesten Gemüses angenommen und bringen bewährte und beliebte Sorten wieder auf den Markt, entwickeln sie weiter und züchten neue, samenfeste Sorten.

GESUNDES GEMÜSE AUS DEM EIGENEN GARTEN

Mit alten und samenfesten Gemüsesorten können wir uns vielfältige Gemüseraritäten in den Garten holen, die im Lebensmittelhandel nicht erhältlich sind. Sie verfügen über eine gute Freilandeignung, Robustheit und guten Geschmack. Gleichzeitig wird durch den Anbau im Hausgarten die Erhaltung der alten, samenfesten Sorten unterstützt. Wer diese bunte und geschmackliche Vielfalt in Garten und Küche erlebt, wird sie bald nicht mehr missen wollen. Von der einen oder anderen Sorte macht es dann durchaus Sinn, selbst Saatgut für den Eigenbedarf zu gewinnen.

SAATGUT SELBER VERMEHREN

Von dem tradierten Wissen der Saatgutvermehrung ist über die letzten Generationen viel verloren gegangen. Dieses Wissen wiederzuentdecken ist nicht nur spannend, sondern auch für die Erhaltung der alten Sorten wichtig. Dennoch gilt es auch hier, nach und nach Erfahrungen zu sammeln. Für Einsteiger in die Vermehrung und den Samenbau bieten sich selbstbefruchtende Arten wie Tomaten, Salat und Gartenbohnen oder auch einfach zu vermehrende fremdbefruchtende Arten wie Asia-Senf oder Gartenrauke an. Für einen ernsthaften Einstieg in die Erhaltung und Saatgutvermehrung ist eine intensive Beschäftigung mit weiterer Literatur zu empfehlen.

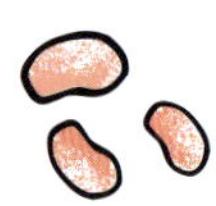

GARTEN PRAXIS

DIE RICHTIGE AUSSTATTUNG ZUM GEMÜSEGÄRTNERN

Für den Biogarten stehen uns eine Reihe von Gartengeräten zur Verfügung, die den Ansprüchen an die richtige Bodenbearbeitung entgegenkommen und uns gleichzeitig die Arbeit im Garten erheblich erleichtern können. Ebenso gibt es viele nützliche Utensilien für Aussaat und Pflanzung, die sich individuell zusammenstellen lassen.

BODENBEARBEITUNG

Die richtige Bodenbearbeitung stellt einen wichtigen Beitrag zur Bodenfruchtbarkeit dar, da sie den Boden lockert und belüftet. Ein lockerer Boden erwärmt sich schneller, Staunässe wird vermieden, und die Pflanzenwurzeln werden besser mit Sauerstoff versorgt. Auf ein Umgraben mit dem Spaten wird im Biogarten jedoch verzichtet. Er wird lediglich für Neupflanzungen von Stauden oder Sträuchern benötigt.

UMGRABEN STÖRT DAS BODENLEBEN

In den verschiedenen Mutterbodenschichten leben unterschiedliche Kleinstlebewesen, die den Boden lebendig und fruchtbar halten. Bodentierchen, die in den oberen, lockereren Bodenschichten leben, benötigen eine gewisse Menge an Licht und Sauerstoff. Andere, die in tieferen Schichten leben, bevorzugen die Dunkelheit. Bei einem Umgraben mit dem Spaten werden die oberen Bodenschichten nach unten verlagert und die unteren nach oben geholt. Dies bedeutet für die Bodenlebewesen, dass ihr Lebensraum im wahrsten Sinne des Wortes auf den Kopf gestellt wird und es ihnen dann oft nicht mehr möglich ist, sich wieder in die für sie passenden Bodenschichten zurückzuziehen. Die wichtige Humusbildung wird dadurch komplett gestört. Zudem werden bei einem Umgraben mit dem Spaten, der ein scharfkantiges Werkzeug darstellt, vor allem größere Bodentierchen wie beispielsweise Regenwürmer verletzt oder getötet. Darüber hinaus gibt es selbst für die Neuanlage von Beeten kräftesparendere und bodenschonendere Methoden als das Umgraben, wie beispielsweise das Kartoffelmulchbeet.

KARTOFFELMULCHBEET

Die Kartoffel gilt allgemein als bodenverbessernd und als gute erste Kultur in einem neuen Gemüsegarten. Gleichzeitig lassen sich mithilfe des Kartoffelanbaus neue Beete anlegen, ohne umzugraben. Mehr dazu findest du auf S. 56.

BODENLOCKERUNG MIT GRABGABEL UND SAUZAHN

Die idealen Helfer für das Lockern der Gemüsebeete sind Grabgabel und Sauzahn. Die **Grabgabel** ist ein vielseitig einsetzbares Werkzeug, beispielsweise auch für die Ernte von Wurzelgemüsen, und gehört in jeden Biogarten. Bei einer Bodenlockerung mit der Grabgabel wird das Erdreich nicht umgedreht. Vielmehr wird dabei mit der Gabel in den Boden gestochen und durch Vor- und Zurückbewegungen der Grabgabel der Boden aufgelockert und belüftet. Gleichzeitig wird die Verwurzelung unerwünschter Beikräuter gelockert, sodass diese leicht entfernt werden können.

Der **Sauzahn** besteht aus einem sichelförmig gebogenen Zinken mit platter Spitze, der für die Bodenlockerung durch den Boden gezogen wird. Er stellt ein Werkzeug dar, mit dessen Hilfe sich mit wenig Kraftaufwand auch verkrustete oder verschlämmte Böden gut lockern lassen und Saatreihen einfach gezogen werden können.

Neben Grabgabel und Sauzahn gibt es weitere Werkzeuge, die für die Bodenbearbeitung verwendet werden können. Dazu gehören beispielsweise **Grubber** und **Handhacken.**

JÄTEN VON BEIKRÄUTERN

Auch für das Jäten und Entfernen von Beikräutern stehen einige arbeitserleichternde Werkzeuge zur Verfügung: allen voran verschiedene Formen des **Unkrautstechers**, der sich vor allem für das Ausstechen von Beikräutern mit tiefen Pfahlwurzeln, z. B. Löwenzahn, bewährt. Die langen Wurzeln können damit gut ausgehebelt werden.

Zum Jäten und gleichzeitigen Hacken zwischen Gemüsereihen eignen sich **Unkrauthacken** und **Bügelzughacken** besonders gut. Diese Geräte werden flach über bzw. durch den Boden gezogen, und die Beikräuter werden mit dem scharfen Blatt der Hacken unterhalb des Vegetationspunkts abgeschnitten.

KOMBISYSTEME UND ERGONOMISCHE WERKZEUGSTIELE

Von verschiedenen Herstellern werden Kombiwerkzeugsysteme angeboten. Darüber können an einem Werkzeugstiel die verschiedenen Geräte vom Sauzahn über Unkrauthacke bis hin zum Gartenrechen einfach ausgetauscht werden. Die langen Werkzeugstiele, die es zudem auch ergonomisch geformt gibt, ermöglichen ein rückenschonendes Arbeiten im Gemüsebeet. Die kurzstieligen Varianten dieser Werkzeuge sind dagegen besser für das Arbeiten an Hochbeeten und auf kleinen Flächen geeignet.

HELFER FÜR AUSSAAT, VORKULTUR UND PFLANZUNG

Für die Aussaat und Pflanzung von Gemüsepflanzen gibt es neben Pikierstäben und Pflanzschaufeln eine Reihe von nützlichen Gerätschaften, die vor allem die Jungpflanzenanzucht unterstützen und erleichtern.

AUSSAAT UND VORANZUCHT

Alle Saaten, die nicht als Direktsaat gleich ins Beet gesät werden, benötigen passende Gefäße zum Vorziehen. Dafür eignen sich einfache Schalen und kleine Töpfchen mit Wasserabfluss. Wer es etwas komfortabler haben möchte, kann sich **Aussaattabletts**, sogenannte **Quick-Pot-Platten**, zulegen. **Anzuchttöpfchen** und sogenannte **Anzuchttopfmagazine** aus Torf werden ebenfalls für die Voranzucht angeboten. Die Töpfchen können später einfach mit eingepflanzt werden. Aus ökologischen Gesichtspunkten sollte aber auf diese nur einmal verwendbaren Aussaatgefäße besser verzichtet werden.

SELBSTGEMACHT UND WIEDERVERWERTET

Neben den professionellen Anzuchtutensilien lassen sich verschiedene Materialen, die sonst einfach weggeworfen werden, für die Aussaat und Anzucht recyceln.

Bestens bewährt haben sich beispielsweise halbierte **Klopapierinnenrollen**. Nebeneinander in wasserdichte Schalen gestellt, sind sie quasi selbst hergestellte Quick-Pots. Der „Klorollentopf" kann später mit ausgepflanzt werden, da das Papier in der Erde schnell verrottet. Für eine ähnliche Verwendung können aus Zeitungspapier kleine Papiertöpfchen gebastelt werden. Im Handel gibt es dafür **Papiertopfpressen** oder Eco Potmaker aus Holz, die eine schnelle und einfache Herstellung der Papiertöpfchen ermöglichen. Daneben

eignen sich auch gebrauchte **Eierschachteln** für die Ansaat. Wie bei Anzuchttopfmagazinen wird je Eierbehälter ein Samen ausgebracht. Bei der späteren Pflanzung wird der einzelne Eierbehälter dann abgetrennt und kann mit eingepflanzt werden. Außerdem können Schalen aus verschiedenen Materialien, die beispielsweise bei Obst oder Gemüse als Verpackungsabfall übrigbleiben, sowie Tetrapacks und diverse Einwegbehälter für Lebensmittel zu Aussaatschalen umfunktioniert werden. Da Eierschachteln und andere Kartonagen durch die Feuchtigkeit weich und instabil werden, sind hier stabile und wasserdichte Unterschalen notwendig.

Wichtig ist bei allen umfunktionierten Aussaatgefäßen, dass ein Wasserablauf vorhanden ist und dass sich die Jungpflanzen wieder einfach aus den Gefäßen pikieren bzw. auspflanzen lassen.

PLANUNG EINES BUNTEN GEMÜSEGARTENS

Bevor es konkret an die Anlage eines Gemüsegartens oder ans Säen und Pflanzen geht, empfiehlt sich eine vorausschauende Planung. Dies betrifft Standort und Aufteilung der Beete und Flächen, beispielsweise für Sitzplätze und Kompostierung. Ebenso sollten persönliche Vorlieben, Erwartungen an die Ernte und die Zeit, die man investieren kann, berücksichtigt werden. Dazu kann es hilfreich sein, sich im Vorfeld die folgenden Fragen zu stellen und ehrlich zu beantworten. Vor allem die Zeit, die für die Anlage und Pflege des Gartens aufgebracht werden kann, sollte realistisch eingeschätzt werden.

1 Platzierung der Gemüsebeete
Ideal sind Südost-, Süd- oder Südwest-Lagen mit möglichst vielen Sonnenstunden nicht nur im Hochsommer. Wo kann ich meine Gemüsebeete anlegen, um dies zu gewährleisten? Oder wäre es besser, für besonders sonnenhungrige Kulturen wie Tomaten oder Paprika auf die Terrasse und den Anbau in Töpfen auszuweichen?

2 Bestehende Bodenverhältnisse
Welchen Boden habe ich zur Verfügung? Ein humoser Boden lässt sich für den Gemüseanbau aufbereiten und auch Grünland in Gartenbeete umwandeln. Habe ich einen solchen Boden zur Verfügung oder eher einen verdichteten oder aus anderen Gründen schwer kultivierbaren Boden, sodass Hügel- und Hochbeete die bessere Alternative sind?

3 Meine Erwartungen an einen Gemüsegarten
Welche Gemüsekulturen sind mir besonders wichtig und möchte ich daher unbedingt anbauen? Wie viel Fläche ist dafür notwendig, auch hinsichtlich der zu beachtenden Fruchtfolge? Reicht mir regelmäßig Salat und frisches Grün aus dem Garten, oder möchte ich mich möglichst umfangreich aus dem Garten versorgen?

4 Zeit für Garten und Gartenarbeit
Wie viel Freizeit kann und möchte ich in meinen Garten und in die Arbeit im Garten investieren, und wie viel Zeit soll beispielsweise für andere Hobbys zur Verfügung stehen? Entsprechend sollten Fläche und Bepflanzung geplant werden. Eine realistische Einschätzung ist hier wichtig, da schon manchem Gärtner sein Garten im wahrsten Sinne des Wortes über den Kopf gewachsen ist.

5 Allgemeine Flächenaufteilung in einem Garten
Welche anderen Flächen müssen bei der Planung berücksichtigt werden? Ein Garten soll ja in der Regel nicht nur Nutzgarten, sondern ebenso Erholungsraum und gegebenenfalls auch Spielplatz sein. So sind Sitzplätze und Freiflächen vorzusehen, und ebenso sind Flächen für Wege, Kompostierung, Regentonnen und Aufbewahrung der Gartengeräte zu berücksichtigen. Neben den reinen Gemüsekulturen sollten auch Blumen, beispielsweise in Form von Randbepflanzungen mit Stauden und anderen Blühpflanzen, vorhanden sein. Schließlich soll der Gemüsegarten nicht nur geschmacklich, sondern auch optisch die Sinne erfreuen sowie Lebensräume bieten.

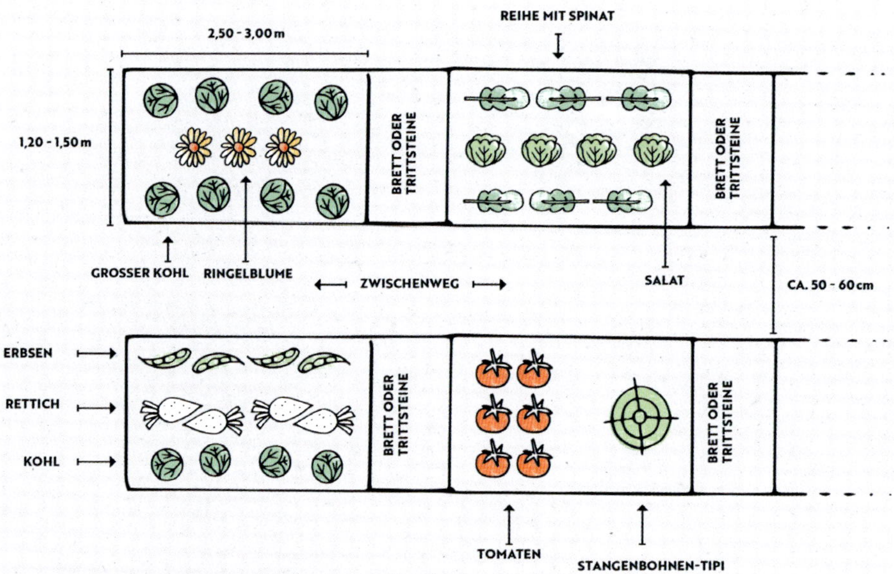

AUFTEILUNG VON FLÄCHEN UND BEETEN

Abhängig von der zur Verfügung stehenden Fläche können Beete auf unterschiedliche Weise in Teilflächen aufgeteilt werden. Wichtig ist dabei in jedem Fall, dass alle zu bearbeitenden Flächen von Freiflächen, Wegen oder Trittsteinen aus gut zu erreichen sind. Außerdem sollten Beeteinfassungen und Randbereiche so gestaltet werden, dass ein ständiges Einwachsen von Rasen und Beikräutern in die Beete weitestgehend unterbunden wird. Es gibt bewährte Beetkonzepte, die individuell anpassbar und kombinierbar sind.

BEETE IN REIHEN

Eine klassische Aufteilung im Gemüsegarten ist in Beetreihen (siehe Illustration oben). Dabei wird die Fläche in Einzelbeete mit einer Breite von 1,20–1,50 m und einer Länge von 2,00–3,00 m unterteilt. Zwischen die Beete können als Trittflächen Holzbretter, Steinplatten oder Rundkiesel eingebracht werden. Abgrenzungen mit einer Bepflanzung aus Stauden und Kräutern waren bei solchen Beeten traditionell in Bauerngärten üblich. An der Nordseite können Bohnenstangen und Rankgitter für Erbsen und andere kletternde Pflanzen angebracht werden. Für die Trittflächen sollten jeweils 30–40 cm eingeplant werden. In den Beeten können dann Gemüsekulturen entweder in Reihen oder Gruppen gepflanzt werden. Werden die Gemüse jährlich um Reihen bzw. um ein Beet verschoben, lässt sich eine Fruchtfolge einfach einhalten.

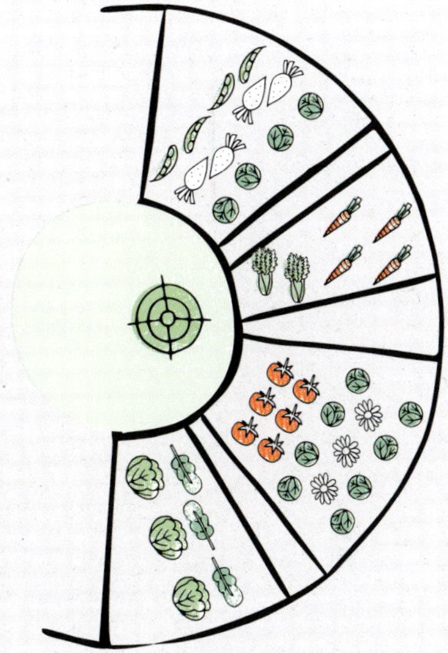

QUADRATBEETE

Eine modernere Aufteilung für Gartenbeete sind Quadratbeete. Die Idee des „Square-Foot-Gardening" stammt aus den 1980er-Jahren und sollte die Möglichkeit bieten, auf kleinstem Raum viele verschiedene Gemüsesorten anzubauen. Mittlerweile haben Quadratbeete auch in größeren Gärten Einzug gefunden. Das Prinzip besteht darin, dass quadratische Holzrahmen, üblicherweise mit einer Seitenlänge von 1,20 m, als Beetbegrenzung dienen. Der Innenraum der Beete wurde ursprünglich in neun kleinere Parzellen aufgeteilt, die unter Berücksichtigung der Fruchtfolge bepflanzt wurden. Das System der Holzrahmen hat sich auch ohne die etwas unflexible Parzellenaufteilung verbreitet.

MANDALAGARTEN

Eine beliebte Form für Gemüsebeete bzw. für den kompletten Gemüsegarten ist das Mandalabeet oder der Mandalagarten. Die Gartenbeete sind in der Regel in einem Kreis angeordnet, der in Tortenstücke aufgeteilt ist. Die einzelnen Tortenstücke werden mit Trittwegen, beispielsweise aus Rundkieseln, abgeteilt. In der Mitte des Kreises gibt es eine zentrale Fläche. Die Bepflanzung der einzelnen Teilbereiche erfolgt in Mischkultur und nach Fruchtfolgekriterien. Die Beete können dabei rundherum durchgewechselt werden. In naturnahen Gärten und in Gärten, die nach Grundsätzen der Permakultur bewirtschaftet werden, ist der Mandalagarten eine beliebte Beetform. Permakultur beinhaltet neben ethischen Prinzipien ein Wirtschaften auf Basis natürlicher Kreisläufe. Sie will Lebensräume schaffen für ein nachhaltiges und dauerhaftes Zusammenleben von Pflanzen, Tieren und Menschen.

HOCHBEET, HÜGELBEET UND CO.

Auf Flächen mit einem Mutterboden, der nicht für den Gemüseanbau geeignet ist, können alternativ Hoch- oder Hügelbeete angelegt werden. In der Regel handelt es sich dabei um versiegelte oder stark verdichtete Böden, deren Aufbereitung kaum möglich ist. Daneben haben Hoch- oder Hügelbeete auch in anderer Hinsicht Vorteile. Sie ermöglichen ein rückenschonenderes Arbeiten, das Pflanzsubstrat bietet eine besonders lockere Struktur und auch als Gestaltungselement können sich diese Beetformen sehen lassen.

SCHICHTAUFBAU IM HOCHBEET

Im Querschnitt sind die einzelnen Schichten aus grobem, mittlerem und feinem Material sowie die Deckerde im Hochbeet gut erkennbar.

1 Unterlage Wühlmausgitter (Maschenweite maximal 8 × 8 mm)
2 Schicht: grobes, organisches Material wie Ast- und Gehölzschnitt, Holzhackschnitzel ...
3 Schicht: Laub, Stroh, Grünabfälle, Grassoden ...
4 Schicht: abgelagerter Mist, grober Kompost, Pflanzenkohle ...
5 Schicht: Humus, Mutterboden, feine Komposterde
6 Mulchschicht als Deckschicht

SO GELINGEN AUSSAAT UND ANZUCHT

Bei vielen alten, samenfesten Gemüsesorten ist es meist nicht einfach, Jungpflanzen im Gartencenter zu bekommen. So bleibt bei Lieblingssorten und Raritäten oft nur die eigene Anzucht. Damit Aussaat und Anzucht gelingen und kräftige Jungpflanzen gedeihen, sind die individuellen Bedürfnisse der Gemüsekinder zu beachten.

CHECKLISTE FÜR EINE OPTIMALE AUSSAAT, ANZUCHT UND PFLANZUNG

FRISCHES, KEIMFÄHIGES SAATGUT VERWENDEN

Beachten Sie hierzu den Aufdruck auf den Samentütchen.

GEMÜSE VORZIEHEN

Für viele Gemüsekulturen ist ein Vorziehen in Aussaatgefäßen von Vorteil, bevor sie später an ihren endgültigen Standort gepflanzt werden. Dies betrifft Gemüsearten mit langer Kulturdauer, die im Haus ab Februar vorgezogen werden. Ebenso ist eine Voranzucht für Salate und viele Kohlgemüse durchaus sinnvoll. Schließlich werden kleine, frisch gekeimte Pflänzchen wesentlich leichter Opfer von Fressfeinden als kräftige Jungpflanzen. Und auch die Pflanzung im richtigen Abstand im Beet ist mit Jungpflanzen einfacher.

KEIMUNG IN NÄHRSTOFFARMEM SUBSTRAT (AUSSAATERDE)

Ausgesät wird in ein eher nährstoffarmes Substrat, damit die kleinen Pflänzchen kräftige Wurzeln bilden. Aussaaterden gibt es im Gartenhandel oder können aus zwei Teilen Gartenerde und einem Teil Sand selbst gemischt werden. Allerdings benötigen die Gemüsekinder bald eine höhere Nährstoffzufuhr und müssen dann in eine beispielsweise mit reifem Kompost angereicherte Gemüseerde pikiert oder getopft werden. Will man gleich in größere Töpfchen säen, kann der Topf etwa zu drei Vierteln mit nährstoffhaltiger Gemüseerde gefüllt werden. Darüber kommt eine Schicht Aussaaterde für die Zeit der Keimung und der ersten Wurzelbildung. Ebenso ist es möglich, für die Aussaat vor allem von starkzehrenden Gemüsearten vollständig ausgereiften Kompost zu verwenden.

ERFORDERLICHE AUSSAATTIEFE BEACHTEN

Eine Regel besagt, dass die beste Saattiefe etwa zwei- bis dreimal so tief wie der Umfang des Samenkorns ist. Bei den meisten Gemüsesamen lässt sich diese Regel gut anwenden. Dies sind dann sogenannte **Dunkelkeimer**, die für die Keimung kein Licht benötigen. Allerdings gibt es bei den Dunkelkeimern auch Ausnahmen von dieser Regel. Garten- und Feuerbohnen sollten nicht so tief gesät werden, während die Ackerbohne mit etwa 5 cm Saattiefe besonders tief gesät werden möchte. Nicht alle Samen werden unter der Erde zur Keimung angeregt. Die sogenannten **Lichtkeimer** dürfen nicht oder mit nur sehr wenig Erde bedeckt werden. Zu den Lichtkeimern gehören viele Salate, Sellerie und Basilikum.

INDIVIDUELLE KEIMTEMPERATUR BEACHTEN

Gemüsearten, die ursprünglich aus tropischen oder subtropischen Gegenden zu uns gekommen sind, benötigen recht hohe Keimtemperaturen mit über 20 °C. Jedoch mag nicht jedes Gemüse diese hohen Temperaturen bei der Keimung. Salat beispielsweise hat sortenabhängig eine ideale Keimtemperatur von 10–16 °C, sodass Salatsamen bei konstant hohen Temperaturen von über 20 °C oft nicht aufgehen. Bei Sommersaaten können die Aussaatschalen in heißen Sommern ohne wesentliche nächtliche Temperaturabsenkung über Nacht in den Kühlschrank gestellt werden, um die Keimung anzuregen. Sogenannte Kalt- oder Frostkeimer brauchen tiefe Temperaturen oder sogar Frost, damit die Keimung angestoßen wird. Diese Keimhemmung bei warmen Temperaturen bewahrt die Pflanzen davor, schon im Herbst nach der Saatgutreife zu keimen und in der Folge im Winter zu erfrieren. Unter den Gemüsen sind die Kaltkeimer jedoch eher selten und häufiger bei Blumen und einigen Kräutern zu finden.

AUSSAAT FEUCHT HALTEN

Für die Keimung ist auch die richtige Feuchtigkeit wichtig. Das Gießen von unten in die Unterschalen und/oder ein Blumensprüher leisten für die erste Bewässerung gute Dienste. Damit wird gewährleistet, dass die Samen nicht nach unten ins Pflanzsubstrat gespült werden. Die Wassergaben gut dosieren, da zu viel Nässe kombiniert mit zu niedrigen Temperaturen zu faulenden Samen führt. Aber auch kurze Trockenphasen während der Keimung lassen den Keimling vertrocknen.

EINEN HELLEN UND SONNIGEN PLATZ FÜR DIE JUNGPFLANZEN FINDEN

Nachdem die Keimblättchen erschienen sind, ist ein heller und sonniger Platz das Wichtigste. Die Temperaturen können nun etwas tiefer als während der Keimung sein. Dabei stehen Licht und Temperatur in direktem Zusammenhang: Je mehr Licht zur Verfügung steht, umso wärmer können die Pflanzen stehen. Fehlt es an Licht, müssen auch die Temperaturen reduziert werden. Wenig Licht in Kombination mit hohen Temperaturen führt bei der Anzucht zum Vergeilen.

PIKIERFÄHIGE ARTEN IN AUSSAATSCHALEN VORZIEHEN UND PIKIEREN

Pflanzen, die in Aussaatschalen oder kleinen Aussaattabletts angezogen worden sind, sollten spätestens nach der Bildung des zweiten richtigen Laubblattpaares in Töpfchen mit reichhaltiger Gemüseerde oder ausgereiftem Kompost pikiert werden. Dies ist etwa nach drei bis vier Wochen der Fall.

NICHT PIKIERFÄHIGE ARTEN IN TÖPFEN VORZIEHEN ODER DIREKT INS BEET SÄEN

Nicht alle Gemüsearten mögen pikiert und umgepflanzt werden. Manche Jungpflanzen reagieren sogar sehr empfindlich darauf. So sollen Kürbisse, Zucchini und Gurken nicht pikiert werden. Sie werden am besten ab Anfang April einzeln oder bei Gurken auch in kleinen Gruppen (vier bis fünf Samen) in Töpfchen gesät und nach den letzten Frösten an ihren endgültigen Standort ausgepflanzt. Bei den meisten Wurzelgemüsen empfiehlt sich eine Direktsaat breitwürfig oder in Reihen am endgültigen Standort.

BEETE LOCKERN UND FREI VON BEIKRÄUTERN HALTEN

Der Boden wird nur gelockert, nicht umgegraben. Dazu eignen sich Werkzeuge wie Grabgabel oder Sauzahn. Eine Bodenlockerung ist vor allem bei schweren Böden notwendig, da harte Böden zu Verdichtung und Rissbildung neigen. Ein lockerer Boden erwärmt sich schneller, Wasser kann besser gehalten werden, ohne dass sich Staunässe bildet, und die Wurzeln der Pflanzen werden ausreichend mit Sauerstoff versorgt.

Vor Pflanzung oder Direktsaat werden im Zuge der Bodenlockerung auch die Beikräuter entfernt. Tiefwurzelnde Arten können dabei mit dem Unkrautstecher ausgestochen werden. Vor allem bei langsam keimenden und wachsenden Saaten wie Möhren ist ein Jäten besonders wichtig. Denn die schnell wachsenden Wildkräuter könnten langsamer wachsende Kulturpflanzen ansonsten leicht komplett überwuchern.

FROSTEMPFINDLICHE GEMÜSEARTEN ERST NACH MITTE MAI INS FREILAND PFLANZEN

Die Jungpflanzen kommen erst an ihren endgültigen Platz im Beet, Folientunnel oder Pflanzkübel, wenn die letzten Fröste vorüber sind. Dies ist in unseren Breiten meist erst nach Mitte Mai der Fall.

VORGEZOGENE JUNGPFLANZEN ABHÄRTEN

Damit die wärmeverwöhnten Pflänzchen weder Kälteschock noch Sonnenbrand erleiden, müssen sie im Vorfeld vorsichtig an die neuen Bedingungen gewöhnt werden. Ein ungeheizter Wintergarten, Kältegewächshaus oder ein anderer kühlerer Raum eignen sich dafür gut. Außerdem sollten vor allem Pflanzen für das Freiland entsprechend abgehärtet werden. Dafür werden sie stundenweise an einen geschützten Platz auf Balkon oder Terrasse nach draußen gestellt, anfangs eher halbschattig, und schrittweise an Sonne und Temperaturschwankungen gewöhnt. Auch wenn es Arbeit macht, der Aufwand lohnt sich für den späteren Kulturverlauf.

Sollte es nach dem Auspflanzen noch einmal recht kalt werden, können die jungen Pflanzen mit Gärtnervlies oder Lochfolie vorübergehend geschützt werden.

DIE SPEZIFISCHEN SAAT- UND PFLANZABSTÄNDE EINHALTEN

Diese Information können Sie den Samentütchen entnehmen oder im Porträt der jeweiligen Pflanze nachschlagen.

DIREKTSAATEN BEI ZU ENGER SAAT AUSDÜNNEN ODER VERZIEHEN

Zu dicht gesäte Kulturen werden nach der Keimung ausgedünnt oder verzogen. Verziehen bedeutet, dass die kleinen Pflänzchen weiter auseinandergepflanzt werden, um ihnen genügend Raum für die Entwicklung zu geben.

AUSSAAT- UND ERNTEKALENDER

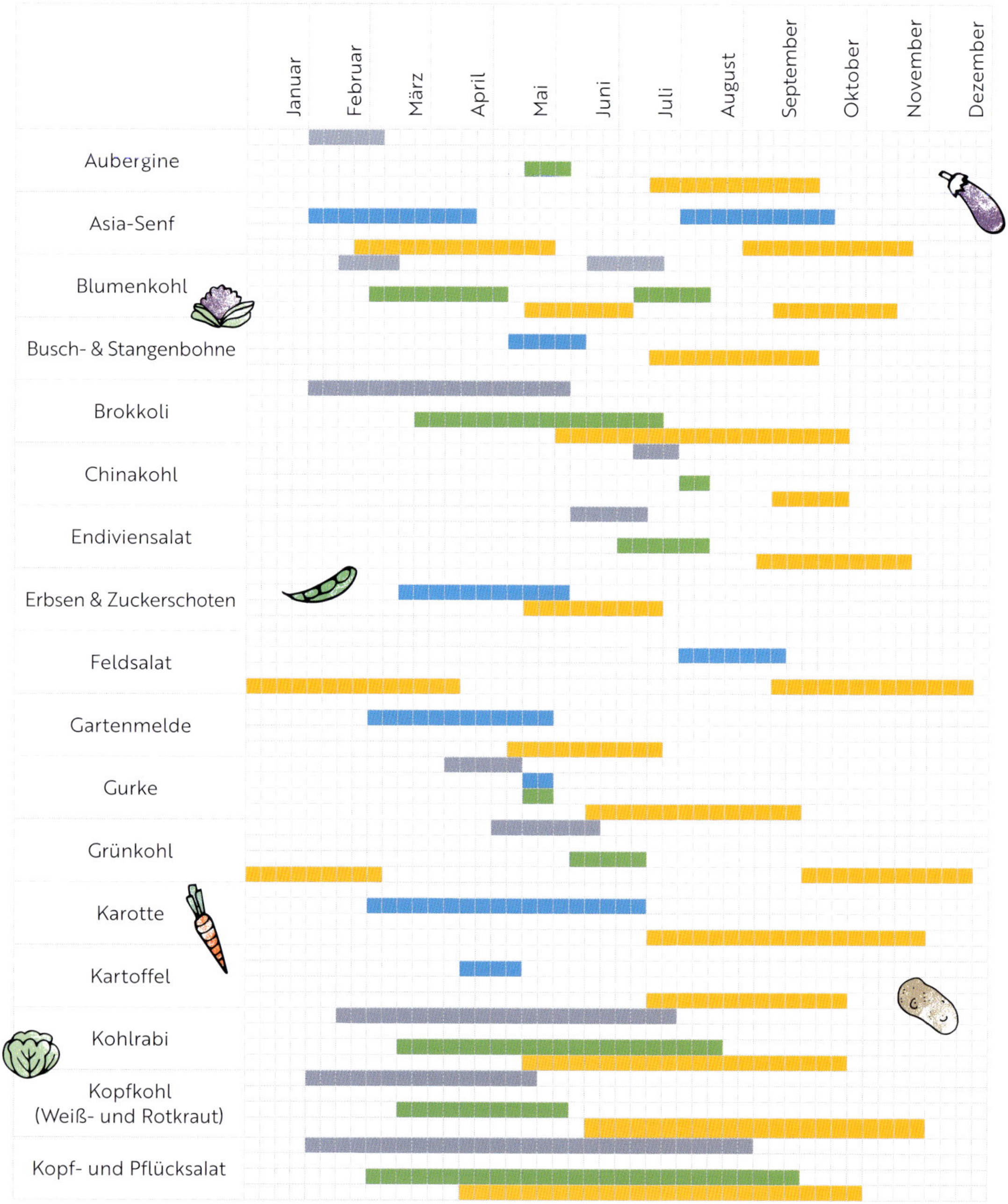

Vorkultur *Direktsaat* *Pflanzung* *Ernte*

Die Angaben sind als Richtwerte zu betrachten. Die allgemeinen klimatischen Bedingungen in Ihrer Region sowie die Witterung können die Zeiträume beeinflussen.

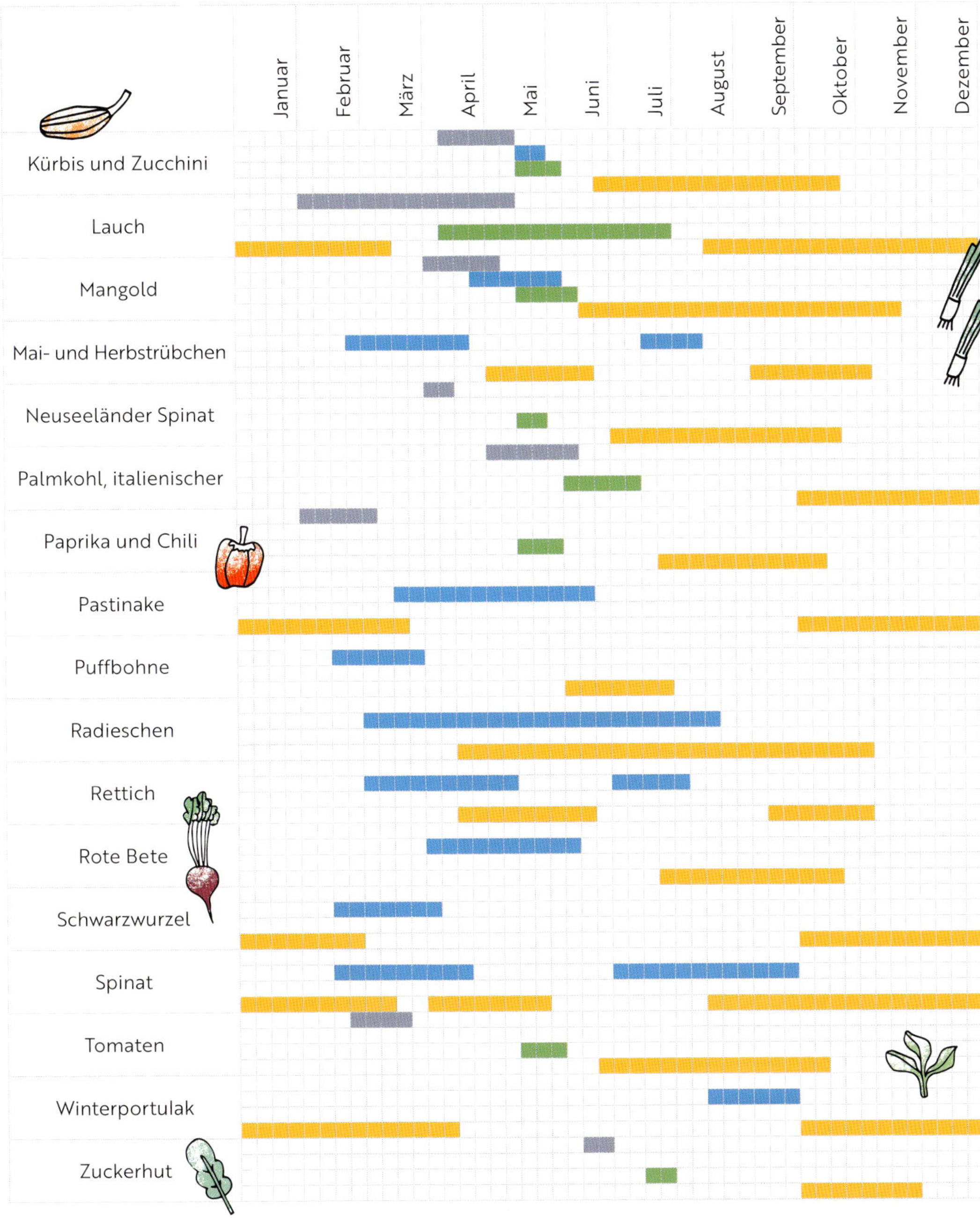

DÜNGUNG UND FRUCHTBARES WACHSTUM

Damit wir eine gute Ernte bekommen, sind unsere Kulturen auf einen humosen Boden mit einer ausreichenden Nährstoffverfügbarkeit angewiesen. Nährstoffe, die die Pflanzen dem Boden beim Wachstum entziehen, müssen wieder zurückgeführt werden. Nur so können der Nährstoffkreislauf und eine dauerhafte Fruchtbarkeit erhalten bleiben. Die Rückführung von Nährstoffen kann über verschiedene Düngemethoden und Maßnahmen zum Humusaufbau erfolgen.

ORGANISCHE DÜNGUNG

In einem biologisch bewirtschafteten Garten werden nur organische Dünger verwendet. Organisch bedeutet, dass die Dünger aus pflanzlichen oder tierischen Ausgangsstoffen ohne künstlich hergestellte Komponenten bestehen. Organischer Dünger wirkt langfristig, die Pflanzen werden nicht überversorgt, und er unterstützt die Bodenvitalität, den Aufbau von Humus und verbessert die Bodenstruktur. Neben im Handel erhältlichen organischen Streudüngern, stellt uns die Natur verschiedene kostenfreie Dünger zur Verfügung. Allen voran Kompost.

KOMPOST UND SEINE HERSTELLUNG

Kompost ist eine wichtige Grundversorgung für einen fruchtbaren Nutzgartenboden und kann zudem in jedem Garten selbst hergestellt werden. Kompostierung ist ein Kreislauf, der in der Natur ständig stattfindet. Abgestorbene Pflanzenteile verrotten und werden durch Kompostwürmer und andere Kleinstlebewesen in fruchtbare Erde umgewandelt.

WAS DARF KOMPOSTIERT WERDEN?

- Gemüse- und Obstreste, Kartoffelschalen
- Kaffee- und Teesatz
- Grasschnitt
- Grünabfall aus dem Gemüsegarten
- Laub, vor allem von Obstbäumen sowie von Linde, Ahorn, Esche und Hainbuche
- Gehäckseltes oder klein geschnittenes Material von Sträuchern, Hecken und Bäumen
- Rinder- und Pferdemist, vermischt mit Stroh
- Kleintiermist von Kaninchen, Meerschweinchen, Geflügel mit Einstreu
- Pflanzenkohle

WAS GEHÖRT NICHT AUF DEN KOMPOST?

- Zitronen- und Bananenschalen aus konventionellem Anbau
- Kartoffelkraut
- Größere Mengen Laub von Walnuss, Pappel und Eiche, das aufgrund des hohen Gerbsäureanteils den Verrottungsprozess behindern kann
- Größere Mengen von Heckenschnitt vom Lebensbaum (Thuja) und Eibe
- Samenstände von Beikräutern
- Hunde- und Katzenkot
- Plastik, Metall und andere nicht-organische Stoffe und Substanzen

Vorsicht ist geboten bei großen Mengen an frischem Grasschnitt, feuchtem Laub oder Mist. Der Komposthaufen kann durch diese verdichten, es entstehen Fäulnis und unerwünschte Bakterien, die den Stickstoff im Kompost abbauen können. Daher ist immer auf eine gute und lockere Durchmischung des Rotteguts zu achten. Laub und Grasschnitt im Zweifelsfall antrocknen lassen oder mit anderen Materialien wie Stroh mischen. Die Beigabe von Urgesteinsmehlen ergänzt den Kompost mit Mineralien und Spurenelementen.

AUFSETZEN VON KOMPOSTHAUFEN

Kompost wird in Mieten, in offenen Kästen aus Holz oder Metall, im geschlossenen Thermokomposter oder einfach nur als aufgeschichteter Komposthaufen angelegt. Jeder Komposthaufen benötigt den Kontakt zum Erdboden, damit Bodenorganismen in ihn gelangen können. Für einen guten Start sollte auf den Boden der Kompostierungsfläche etwas reifer Kompost gegeben werden.

WANN IST KOMPOST GEBRAUCHSFERTIG?

Abhängig von Witterung und Temperaturen benötigt ein Komposthaufen ein bis zwei Jahre, bis er vollständig ausgereift ist. Die Reife ist daran zu erkennen, dass er einen guten erdigen Geruch verströmt und die Kompostwürmer den Komposthaufen verlassen haben.

WIE VIEL KOMPOST SOLL AUF DAS BEET?

Ein Durchschnittswert liegt bei etwa drei Liter Kompost auf einem Quadratmeter Boden. Es spielt aber auch eine Rolle, in welchem Nährstoffzustand sich die Beeterde befindet und welchen Bedarf an Nährstoffen das angebaute Gemüse hat.

GRÜNDÜNGUNG

Unter Gründüngung versteht man den Anbau von bestimmten Pflanzen zur Bodenverbesserung, Regenerierung des Bodens und für die Rückführung von Nährstoffen. Gründüngungspflanzen werden meist als Vor- oder Nachfrucht ausgesät und entweder in den Boden eingearbeitet oder als Mulch verwendet. Die Grünmasse wird in diesem Prozess in wertvollen Humus umgewandelt.

GRÜNDÜNGUNG ALS VORFRUCHT

Die Aussaat der Gründüngungspflanzen erfolgt möglichst früh im Jahr und meist auf Flächen, die zuvor mit starkzehrenden Gemüsen bepflanzt waren. Bevor die Gründüngungspflanzen in Blüte gehen bzw. sich versamen, wird die Gründüngung geschnitten. Sie bleibt entweder als Bodenschutz auf der Fläche liegen oder wird oberflächlich eingearbeitet. In der Regel wird eine solche Fläche in derselben Saison wieder mit Gemüse bepflanzt.

GRÜNDÜNGUNG ALS NACHFRUCHT

Hier erfolgt die Aussaat der Gründüngungspflanzen auf Beeten, die im Sommer oder Spätsommer von Kulturen geräumt werden. In diesem Fall bleiben die Pflanzen über Winter auf der Fläche. Um eine Versamung auszuschließen, wird die Gründüngung entweder im Herbst noch geschnitten und bleibt als Mulch liegen bzw. frieren Herbstsaaten über Winter ab und bilden ebenfalls eine schützende Decke für den Boden.

GEMÜSE ALS GRÜNDÜNGUNG

Einige Gemüsepflanzen können wie Gründüngung eingesetzt werden. Dazu gehören beispielsweise Blattgemüse wie **Winterspinat** und **Feldsalat,** die über den Winter den Boden bedecken. Nach der Ernte werden im Frühling Blattreste und Wurzeln einfach oberflächlich untergegraben. Genausogut können Hülsenfrüchte wie **Buschbohnen** als Stickstoffsammler auf nährstoffarmen Böden verwendet werden oder **Erbsen,** die mit Wurzeln und Trieben eingearbeitet werden.

MULCH ALS SCHÜTZENDE DECKE

Die Natur kennt keinen offenen Boden und schickt im Zweifelsfall schnellwachsende Pionierpflanzen auf den Weg, um offene Flächen zu besiedeln. Auf Nutzflächen kann eine Mulchschicht diesen natürlichen Bodenschutz ersetzen.

VORTEILE FÜR DIE BODENFRUCHTBARKEIT

» Schutz vor Winderosion, Austrocknung und Auswaschung bei Starkregen
» Humusaufbau durch Umwandlung des Mulchs in fruchtbare Erde
» Aktives Bodenleben der humusfördernden Kleinstlebewesen und Nützlinge
» Temperaturangleichung der Jahreszeiten, da Bodenwärme länger gehalten werden kann

VORTEILE FÜR DEN GÄRTNER

» Es muss weniger gedüngt, gegossen und gejätet werden.
» Unter der Mulchschicht entsteht ein lockerer, krümeliger Boden, der ein Hacken des Bodens überflüssig macht.
» Ernte wird vor Fäulnis geschützt
» Beete sind besser begehbar

GEEIGNETES MULCHMATERIAL

» Gemüsereste, die bei der Ernte anfallen
» Beikräuter, die noch nicht blühen bzw. Samen angesetzt haben
» angetrockneter Grasschnitt, der beim Rasenmähen anfällt
» Grünmasse von Gründüngungspflanzen
» Laub von Obstbäumen und anderen nicht gerbsäurehaltigen Laubbäumen
» Stroh, am besten gehäckselt
» unbedruckter Karton, zur Unkrautunterdrückung

DÜNGUNG & PFLANZENSTÄRKUNG MIT KRÄUTERJAUCHEN UND CO.

Mit Pflanzenjauchen und -auszügen kann übers Jahr gezielt nachgedüngt werden. Bei Topfkulturen sowie starkzehrenden Beetkulturen haben sich Pflanzenjauchen als Düngung etwa alle drei bis vier Wochen bewährt.

Pflanzenjauchen können ohne großen Aufwand selbst aus Kräutern und Wildkräutern hergestellt werden. Am bekanntesten dürfte die Brennnesseljauche sein, die vor allem als Stickstofflieferant dient.

Für Düngejauchen eignen sich neben Brennnesseln viele andere Kräuter aus dem Garten oder der Natur. Auch aus ungeliebten Beikräutern wie Löwenzahn, Giersch, Vogelmiere und vielen anderen kann Jauche hergestellt und als Düngung und Pflanzenstärkung ausgebracht werden. Ebenso sind Ringelblumen eine gute Beigabe zu Pflanzenjauchen.

TIPPS FÜR DAS RICHTIGE GIESSEN

Jungpflanzen müssen gut angegossen und, angepasst an die Witterung, feucht gehalten werden, bis sie eingewurzelt sind. Danach sollten die Wassergaben so weit wie möglich reduziert werden, damit die Pflanzen ausreichend tief wurzeln und sich in Trockenperioden selbst mit Wasser versorgen können.

Die Fingerprobe zeigt es: Wenn unter der (bereits trockenen) Mulchschicht der Boden noch feucht ist, braucht nicht gegossen zu werden.

Pflanzengemeinschaften mit ähnlichen Bewässerungsbedürfnissen solten zusammengepflanzt werden.

MISCHKULTUR UND FRUCHTFOLGE

Mischkultur und Fruchtfolge sind wichtige Komponenten im biologisch bewirtschafteten Garten. Sie helfen, einen fruchtbaren Boden und ein gesundes Wachstum unseres Gemüses zu erhalten.

GRÜNDE UND NOTWENDIGKEIT

Jede Pflanze, abhängig von ihrer Zugehörigkeit zu einer bestimmten Pflanzenfamilie (siehe Tabelle unten) und ihren individuellen Eigenschaften, entnimmt dem Boden gewisse Nährstoffe. Gleichzeitig werden über die Wurzeln Stoffe in den Boden abgegeben. Bei Monokulturen, also dem großflächigen Anbau einer einzigen Art über Jahre hinweg auf derselben Fläche, verarmen die Nährstoffe des Bodens einseitig. Zudem siedeln sich Schädlinge an, die in stets gleichen Kulturen einen gedeckten Tisch finden. Je größer die Monokultur, umso einfacher und schneller kann die Ausbreitung der Schädlinge geschehen. Eine natürliche Schädlingsbekämpfung findet dagegen in einem Garten oder einer Landschaft mit möglichst vielen verschiedenen Pflanzen statt, in der auch zahlreiche Nützlinge ihren Lebensraum finden können.

PFLANZENFAMILIE	VERTRETER
Doldenblütler	Möhre, Pastinake, Petersilie, Fenchel, Dill
Gänsefußgewächse	Spinat, Mangold, Rote Bete, Melde
Hülsenfrüchtler	Acker-, Garten- und Feuerbohnen, Erbsen, Linsen
Korbblütler	Salat, Endivie, Radicchio, Chicorée, Schwarz- und Haferwurzel
Kreuzblütler	Alle Kohlsorten, Radieschen, Rettiche, Mai- und Herbstrübchen, Rucola
Kürbisgewächse	Kürbis, Zucchini, Gurke, Melone
Nachtschattengewächse	Tomate, Paprika, Chili, Aubergine, Kartoffel
Zwiebelgewächse	Küchen- und Frühlingszwiebel, Lauch, Knoblauch

HINWEISE ZUR BEETPLANUNG

Bei der Planung der Beetbelegung sollte eine Mischkultur berücksichtigt werden. Dies bedeutet, dass Gemüsepflanzen einer Sorte in Reihen oder Gruppen zusammen mit Nachbarn gepflanzt werden, die nicht derselben Familie angehören.

Zugleich wird für eine sinnvolle Nutzung der Pflanzfläche in Haupt- und Nebenkulturen sowie Vor- und Nachkulturen unterschieden. Mit einem durchdachten Einsatz von Haupt-, Neben- und Mischkulturen sowie Fruchtfolgen innerhalb einer Saison lässt sich eine Fläche optimal nutzen und die Ernte wesentlich erhöhen.

ASPEKT: MISCHKULTUREN

Bei einer idealen Mischkultur werden Gemüse zusammen angebaut, die sich gegenseitig nicht behindern und bestenfalls sogar ergänzen. Hier spielen u. a. Höhen- und Wurzelwachstum, Nährstoffbedarf oder mögliche Schädlinge eine Rolle.

Beispiele für gute Mischkulturen:

» Stangenbohnen mit Kürbis: Der Kürbis rankt am Boden und schützt ihn vor Austrocknung, während die Stangenbohne in die Höhe wächst. Die Bohne versorgt den Kürbis mit Stickstoff, den sie aus der Luft bindet.

» Tomaten und Lauch: Lauch ist sehr anfällig für die Lauchminierfliege. Wird der Lauch jedoch jeweils in kleinen Gruppen mit Tomaten gepflanzt und das Beet mit den Ausgeiztrieben der Tomaten gemulcht, hält der Geruch der Tomaten die Lauchminierfliege oft sehr erfolgreich fern.

» Blumenkohl mit Tomaten: Werden beide Gemüsearten im Wechsel angebaut, fördert das den Ertrag beider Kulturen. Der Geruch der Tomaten irritiert außerdem kohlschädigende Insekten.

ASPEKT: HAUPT- UND NEBENKULTUREN

Hauptkulturen stellen den Teil Ihrer Gemüsepflanzen dar, die von Aussaat bzw. Pflanzung bis zur Ernte einen Hauptteil der Saison benötigen. Typische Vertreter sind z. B. Kopfkohl, Kürbis oder Tomaten. Nebenkulturen werden mit den Hauptkulturen gesät oder gepflanzt, benötigen jedoch eine wesentlich kürzere Zeit bis zur Ernte. Sie können geerntet werden, bevor die Hauptkultur den gesamten Platz im Beet benötigt.

Beispiele für gute Kombinationen:

» Salat und Kopfkohl: Der Salat wird zwischen den Kohl gepflanzt und geerntet, bevor der Kohl den kompletten Platz im Beet benötigt.

» Radieschen und Möhren: Zusammen in eine Reihe oder in Reihen eng nebeneinandergesät, können die Radieschen schon vorsichtig geerntet werden, bevor die Möhren ihre Wurzel ausbilden.

ASPEKT: VOR- UND NACHKULTUREN

Vor- oder Nachkulturen stellen eine Fruchtfolge innerhalb derselben Saison dar. Hierfür werden schnell zu erntende Gemüse vor bzw. nach den Hauptkulturen angebaut.

Beispiele für gute Kombinationen:

» Spinat vor Kohl: Spinat ist ein guter Beetvorbereiter und wird frühzeitig geerntet. Kohl für die Herbst- und Winterernte wird in der Folge als Hauptkultur gepflanzt und kann noch mit Salat kombiniert werden.

» Feldsalat nach Tomaten: Hier wird der Platz unter der Hauptkultur für die Aussaat des Feldsalats genutzt. Ab August können die unteren Blätter der Tomaten entfernt und der Feldsalat breitwürfig daruntergesät werden. Witterungsabhängig erfolgt die Ernte des Feldsalats im Spätherbst oder im darauffolgenden Frühling.

FRUCHTFOLGE

Für eine gute Fruchtfolge ist neben den Pflanzenfamilien der Nährstoffbedarf der jeweiligen Gemüsekulturen zu berücksichtigen. Auf einem gut gedüngten und vorbereiteten Boden werden Stark-, Mittel- und Schwachzehrer – unter Berücksichtigung der Pflanzenfamilien – in dieser Reihenfolge angebaut. Danach empfiehlt sich eine Gründüngung bzw. muss das Beet für den nächsten Fruchtwechsel wieder mit nährstoffreichem Dünger angereichert werden. Insgesamt sollten dann mindestens die nächsten vier Jahre auf diesem Beet nicht mehr dieselben oder nah verwandten Gemüsepflanzen angebaut werden!

STARKZEHRER

Dazu gehören Gemüse mit einem hohen Nährstoffbedarf, vor allem an Stickstoff. Dies sind u.a. Gemüse wie Kohl, Kürbis, Kartoffeln, Tomaten und Auberginen. Abgelagerter Mist eignet sich besonders gut als Nährstoffquelle.

MITTELZEHRER

Dazu gehören Gemüse, die mit einem mittleren Nährstoffangebot zurechtkommen. Neben Gemüsen wie Mangold, Spinat und Salat gehören verschiedene Wurzelgemüse wie Möhre und Pastinake dazu. Letztere vertragen ohnehin keine Düngegaben in Form von Mist. Eine Düngung mit gut ausgereiftem Kompost oder Pflanzenjauchen ist dennoch angebracht und unterstützt ein gutes Wachstum.

SCHWACHZEHRER

Zu diesen gehören Arten wie Bohnen oder Erbsen, die Luftstickstoff bodenverfügbar machen. Daher sind Hülsenfrüchtler eine gute Vorkultur für Gemüse mit einem höheren Nährstoffbedarf. Aber auch Radieschen und Zwiebeln kommen mit weniger Nährstoffen gut zurecht. Eine Düngung, z.B. mit Pflanzenjauchen, ist sinnvoll.

UNTERSTÜTZERPFLANZEN UND HÜBSCHE HELFER

In die Mischkultur einbezogen werden auch Blumen und Kräuter, die günstig für die Fruchtbarkeit und die allgemeine Pflanzengesundheit sind. Vor allem **Ringelblumen** und **Tagetes** sollten in keinem Gemüsegarten fehlen. Sie vertreiben Schädlinge, die unseren Gemüsepflanzen gerne an die Wurzeln gehen. Der Geruch der Ringelblume vertreibt außerdem viele Schadinsekten.

Eine Mischkultur mit einjährigen Kräutern kann insgesamt bei der Schädlingsabwehr gute Dienste leisten, da die oft stark duftenden ätherischen Öle die Schädlinge irritieren und die Kräuterblüten meist eine gute Nützlingsweide darstellen. Mehrjährige Kräuter können ebenfalls in die Mischkultur einbezogen werden, sollten jedoch als Rand- und Rabattenstauden gepflanzt werden. Lediglich **Wermut** und **Eberrauten** sollten nicht in oder am Gemüsebeet ihren Platz finden, da sie andere Nutzpflanzen im Wachstum hemmen können.

VOM UMGANG MIT UNGEBETENEN GARTENGÄSTEN

In jedem natürlich bewirtschafteten Garten lebt eine Vielzahl an Pflanzen und Tieren neben und mit unseren Kulturpflanzen. Viele Mitbewohner heißen wir willkommen, anderen Gartengästen wollen wir aber keinen Unterschlupf gewähren. Dies meist, weil sie unsere Nutzpflanzen schädigen können oder sich als überlebensstarke Konkurrenten im Gemüsebeet ansiedeln.

MASSNAHMEN ZUR VORBEUGUNG VON SCHÄDLIGNGEN UND FÖRDERUNG VON NÜTZLINGEN

Gärtner fühlen sich gegenüber Schädlingen meist hilflos ausgeliefert. So mancher Befall verschwindet jedoch in relativ kurzer Zeit wieder von selbst, und man sollte der Natur oft einfach ihren Lauf lassen. Lediglich bei extremem Befall und einem zu erwartenden Ernteausfall sollte auf eine möglichst nachhaltige Weise eingegriffen werden. Dazu eignen sich Spritzungen mit biologisch abbaubaren und für Nützlinge verträglichen Mitteln. Viele Gärtner haben allerdings mittlerweile insofern mit den Fressfeinden Frieden geschlossen, indem sie ihnen einen Teil der Ernte zugestehen.

Folgende vorbeugende Maßnahmen können dem Aufkommen von Schädlingen und Krankheiten zuvorkommen sowie das Ansiedeln von Nützlingen und die Schaffung eines biologischen Gleichgewichts unterstützen.

ORGANISCHES MATERIAL NUR OBERFLÄCHLICH EINARBEITEN

Werden Kompost, Reste von Gründüngung und Beikräutern, abgelagerter Mist und anderes organisches Material auf die Beete ausgebracht, dürfen diese nicht untergegraben werden. Nur so kann die Biomasse von den Bodentierchen in der Rotteschicht umgesetzt werden.

FRUCHTFOLGE UND MISCHKULTUR BETREIBEN

Der Kulturwechsel und das Einbeziehen von Ablenkungs- und Bodengesundungspflanzen fördern die Biodiversität auf der Fläche und verhindern ein Überhandnehmen bestimmter Schädlinge.

LEBENSBEDINGUNGEN VON PFLANZEN BERÜCKSICHTIGEN

Bieten Sie Ihren Kulturen die bestmöglichen Bedingungen in Bezug auf Sonne, Bodenfruchtbarkeit und andere individuelle Pflanzenbedürfnisse und verzichten Sie im Zweifelsfall auf die eine oder andere Kultur, deren Bedürfnisse Sie nicht erfüllen können.

EIN STÄNDIGES BLÜHANGEBOT FÜR NÜTZLINGE SCHAFFEN

Wenn wir von Nützlingen sprechen, ist zu beachten, dass ein Großteil der entsprechenden Insekten nur im Larvenstadium Schädlinge fressen. Findet das ausgewachsene Tier nicht genug Nahrung im Garten, wird es schnell wieder verschwinden. Daher sollten in jedem Gemüsegarten ganzjährig nützlingsfördernde Blütenpflanzen integriert werden.

FÜR UNTERSCHLUPF SORGEN

Um Nützlinge dauerhaft im Garten anzusiedeln, benötigen sie neben Nahrung auch einen passenden Unterschlupf und Überwinterungsmöglichkeiten. Dies gilt nicht nur für Insekten, sondern ebenso für Vögel und Säugetiere wie Mauswiesel oder Igel. Unberührte Gartenbereiche, Wildhecken und Totholzhaufen sind hierbei ideal.

HAUSTIERE SORGEN FÜR ORDNUNG

Viele Hauskatzen sind exzellente Mäusejäger, die Fraßschäden durch Wühl- oder Hausmäuse am Gemüse reduzieren. Hühner oder Laufenten können eine Schneckenpopulation eindämmen.

EINSATZ VON KULTURSCHUTZNETZEN

Als vorbeugende Abwehr gegen viele Gemüseschädlinge hat sich der Einsatz von Kulturschutznetzen bewährt, die nach der Pflanzung über die Kulturen gespannt werden.

PFLANZENKRANKHEITEN VORBEUGEN UND ERKENNEN

Pflanzen können durch Bakterien, Viren oder Pilze krank werden. Verschiedene Bedingungen beeinflussen die Anfälligkeit bzw. Widerstandsfähigkeit.

GESUNDER BODEN

Die wichtigste Rolle spielt der Boden. Viele Pflanzenkrankheiten entstehen hauptsächlich durch unangemessene Anbaubedingungen und ein Nährstoffungleichgewicht im Boden. Für einen gesunden Boden sind viele Faktoren verantwortlich, und eine einseitige Düngung kann ein Nährstoffungleichgewicht verschärfen. Zudem begünstigen fehlende Spurenelemente verschiedene Pflanzenkrankheiten oder können sie sogar verursachen.

ÜBERDÜNGUNG

Besonders wichtig ist es, Pflanzen nicht zu überdüngen. Überversorgte Pflanzen sind anfälliger für das Eindringen von Pilzen und anderen Erregern, und ihr Stoffwechsel kann beeinträchtigt werden, sodass sie bestimmte Spurenelemente nicht mehr aufnehmen können.

FRUCHTFOLGE

Als Vorbeugung und besonders nach dem Auftreten von bestimmten Krankheiten ist eine weite Fruchtfolge unbedingt zu beachten, da viele Krankheitserreger im Boden überdauern.

VORBEUGEN UND PFLANZEN STÄRKEN

Vorbeugen ist immer die bessere Variante gegenüber der Behandlung bereits aufgetretener Krankheiten. Vorbeugung bedeutet dabei vorrangig eine Stärkung der Kulturpflanzen, um ihre Widerstandsfähigkeit zu erhöhen. Der Garten liefert uns dabei viele Kräuter, Blumen und Gemüsepflanzen zur Herstellung natürlicher Pflanzenstärkungsmittel in Form von Jauchen, Auszügen und Tee.

PILZE, VIREN UND BAKTERIEN

Die meisten Pflanzenkrankheiten im Gemüsegarten entstehen aufgrund von Pilzen, die ins Pflanzengewebe eindringen und die Pflanzen schädigen. Abhängig vom Pilz, von der Witterung und anderen Umgebungsparametern kann ein Befall in kurzer Zeit zu Totalausfällen führen. Sind die Pflanzen einmal befallen, ist es meist zu spät. Abhängig von der

Pilzart kann durch Wetteränderung oder Eingriffe lediglich die Entwicklung der Pilze verlangsamt werden oder vorübergehend zum Stillstand kommen. Ein Befall kann durch vorbeugende Maßnahmen und Bodenbehandlung jedoch hinausgezögert werden oder gar nicht bzw. nur in geringem Ausmaß auftreten.

Viren dringen über Wunden ins Zellgewebe der Pflanzen ein. Sie werden über Läuse, Milben und andere Insekten übertragen und überdauern auch in abgestorbenen Pflanzenteilen, im Boden und im Saatgut. Viren sind daran zu erkennen, dass befallene Blätter zunehmend eine gelbe Scheckung aufweisen, teilweise blasig werden und Früchte sich beulig oder verdreht entwickeln bzw. ebenfalls gelbe Flecken zeigen.

Befallene Pflanzen müssen aus dem Beet entfernt und vernichtet werden, um eine Ausbreitung des Virus zu verhindern.

Durch **Bakterien** verursachte Infektionen können in ihrem Schadbild sehr unterschiedlich ausfallen und zeigen sich oft durch wässrig-durchsichtige Blattflecken wie bei der Fettfleckenkrankheit an Bohnen oder andere Verfärbungen. Oft tritt eine sogenannte Nass- oder Weichfäule an den Pflanzen auf, bei der die unteren Bereiche des Stammes oder Stängels weich werden und faulen. Auch hier gilt es, befallene Pflanzen zu entfernen und zu vernichten.

BEIKRÄUTER UND IHRE AUFGABEN IM GARTEN

Beikräuter schützen den Boden vor Erosion und Auswaschung. Sie sind schnellwachsend und teilweise relativ kälteunempfindlich, sodass freigeräumte und ungemulchte Beete sogar über die Wintermonate bewachsen werden. Viele Beikräuter fungieren als Zeigerpflanzen, und so kann ihre Ansammlung Aufschluss über bestimmte Bodenverhältnisse geben. Zudem schaffen Beikräuter Lebensräume und Nahrung für unzählige andere Gartenlebewesen und Nützlinge. Eliminieren Sie also Beikräuter nicht komplett, sondern geben Sie ihnen die eine oder andere Ecke im Garten, wo sie für die Gemüsekulturen nicht störend sind. Essen Sie, was Sie davon essen können, stellen Sie Jauchen und Kräutertees her und erfreuen Sie sich an der Vielfältigkeit in Ihrem Garten, zu der diese Pflanzen beitragen.

PFLANZEN PORTRÄTS

SPINAT

AUF EINEN BLICK

AUSSAAT	KEIMDAUER
ab Februar bis Ende April, Mitte Juli bis September	10–14 Tage
KEIMTEMPERATUR	**ERNTE**
2–20 °C	ab 6 Wochen nach der Aussaat

ANBAU

Spinat benötigt ein vollsonniges Beet und einen nährstoffreichen, humosen und am besten lehmhaltigen Boden. Dennoch ist darauf zu achten, Spinat nicht zu überdüngen.

Bewährte Sorten sind z. B. 'Matador', 'Frühes Riesenblatt' und 'Erste Ernte'.

Die erste Aussaat ist von März bis Ende April , im Hochbeet unter Vliesabdeckung bereits im Februar möglich. Eine zweite Aussaat für die Herbsternte kann ab Mitte Juli erfolgen. Sortenabhängig kann Spinat überwintert und dazu bis Ende September gesät werden. Als Dunkelkeimer werden Spinatsamen 1–2 cm tief gesät.

Spinat wird nicht vorgezogen, sondern breitwürfig oder in Reihen in einem Abstand von mindestens 15 cm direkt ins Beet gesät. Während raschwüchsige Frühlingssorten nur wenige Zentimeter Abstand in der Reihe benötigen, sollten starkwüchsige Sorten mit einem Abstand von 6–7 cm gesät bzw. ausgedünnt werden. Temperaturen von 15–20 °C beschleunigen die Keimung. Spinat ist eine ideale Vor- oder Nachkultur und kann zudem als Gründüngung eingesetzt werden.

ERNTE

Spinat hat eine Kulturdauer von etwa 6–8 Wochen bis zur ersten Ernte, Winterkulturen benötigen witterungsabhängig länger. Früher Spinat kann bei einer Blattgröße von etwa 8 cm geschnitten werden. Von starkwüchsigen Sorten werden einzelne Blätter oder ganze Rosetten geerntet. Solange der Vegetationspunkt der Pflanzen nicht verletzt wird, können neue Blätter nachtreiben. Spinat sollte sobald wie möglich nach der Ernte verarbeitet werden.

MANGOLD

AUF EINEN BLICK

AUSSAAT	KEIMDAUER
April bis Juni	10–14 Tage
KEIMTEMPERATUR	**ERNTE**
15–20 °C	ab Juni

ANBAU

Mangold mag humosen bis lehmigen Boden mit einem guten Wasserhaltevermögen in sonniger Lage. Auf leichten Böden muss gut gegossen und das Beet mit reifem Kompost versorgt werden. Bei wuchtigen Stielmangoldsorten am besten über den Sommer ein- bis zweimal mit Brennnesseljauche nachdüngen.

Bewährte Sorten sind z. B. 'Lucullus', 'Verde da taglio', 'Feurio" und 'Rainbow'.

Gesät werden kann ab April in Aussaattabletts oder Töpfchen bzw. direkt ins Freiland. Eine frühere Aussaat im Freiland ist zu vermeiden.

Die Samen etwa 1 cm mit Erde bedecken. Frühe Freilandsaaten mit Vlies oder Lochfolie schützen, um höhere Keimtemperaturen zu erzielen. Während Schnittmangold am besten in Reihen gesät wird, muss bei den großen Stielmangoldsorten ein Pflanzabstand von etwa 30 × 30 cm eingehalten werden. Eng gesäter Schnittmangold kann bereits bei einer Größe von ca. 10 cm geschnitten werden. Im Spätherbst die Pflanzen mit Vlies oder Folie als Frostschutz abdecken, sodass sie im Frühling relativ zeitig wieder austreiben und erneut einige Male beerntet werden können.

ERNTE

Mangold ist bei einer Aussaat im April etwa ab Mitte Juni bis in den Spätherbst erntefähig. Schnittmangold kann ab einer Höhe von 10 cm geerntet werden. Dabei werden die ganzen Pflanzen geschnitten, ohne den Vegetationspunkt zu verletzen, aus dem wieder neue Blätter treiben. Bei Stielmangold hingegen werden die äußeren großen Blätter einzeln mit den Stielen abgeschnitten, damit neue Blätter nachwachsen können.

TOMATE

AUF EINEN BLICK

VORANZUCHT	KEIMDAUER
Mitte März	etwa 10 Tage
KEIMTEMPERATUR	**ERNTE**
20–25 °C	je nach Sorte ab Ende Juni bis zum Frost
PFLANZUNG	**ZU BEACHTEN**
nach den letzten Frösten, ab Mitte Mai	vor anhaltender Feuchtigkeit schützen

ANBAU

Tomaten lieben einen sonnigen und vor Regen geschützten Platz. Eine Überdachung, ein Platz an der Hauswand oder der Anbau im Gewächshaus ist ideal. Im Freiland sollten nur robuste Sorten oder Wildtomaten gepflanzt werden.

Bewährte Sorten sind z. B. 'Auriga', 'De Berao, rot', 'Humboldtii' und 'Zuckertraube'.

Die Aussaat erfolgt Mitte März an einem warmen, hellen Platz. Eine frühere Aussaat ist nur empfehlenswert, wenn beste Lichtverhältnisse geboten werden können. Eine Abdeckung der Pflanzgefäße mit Klarsichtfolie oder ein Anzuchtgewächshaus für die Fensterbank ist für die Zeit der Keimung günstig. Sind die Keimblätter erschienen, wird die Abdeckung entfernt. Nach drei bis vier Wochen werden die kleinen Pflänzchen in nährstoffreiche Erde pikiert. Vor dem Auspflanzen nach den letzten Frösten ab Mitte Mai sollten die jungen Pflanzen schrittweise abgehärtet werden.

Tomaten benötigen eine ausgewogene Düngung. Als Starkzehrer sind sie zwar für nährstoffreiche Erde und Düngegaben dankbar, eine Überdüngung mit Stickstoff ist jedoch zu vermeiden. Am besten die Tomatenpflanzen in Mutterboden oder Gemüseerde mit ausgereiftem Kompost pflanzen und regelmäßig mit einer Kräuterjauche aus Brennnessel und Beinwell versorgen.

Sobald die Pflanzen am endgültigen Standort gut eingewurzelt sind, ist nur ein mäßiges Gießen erforderlich. Tomaten in Töpfen müssen hingegen regelmäßig gegossen werden, da der Wurzelballen nicht austrocknen darf.

Die meisten Tomatensorten benötigen eine Stütze, damit Triebe und Früchte nicht auf dem Boden liegen bzw. bei schwerem Fruchtbehang die Triebe nicht brechen. Für hochwachsende Sorten eignen sich die im Gartenhandel erhältlichen Spiralstäbe, in die der Haupttrieb vorsichtig hineingedreht wird. Im Gewächshaus und Folientunnel können auch Schnüre zum Einsatz kommen, an denen die Triebe hochgeleitet werden.

Tomatenblüten brauchen für eine gute Befruchtung etwas Bewegung, was normalerweise der Wind übernimmt. Im geschützten Anbau kann man sich behelfen, indem man die blühenden Pflanzen regelmäßig vorsichtig schüttelt.

KRAUT- UND BRAUNFÄULE

Ohne Überdachung oder Gewächshaus erweist sich *Phytophthora infestans* in unseren Breiten oft als problematisch. Dieser Pilz löst die Kraut- und Braunfäule aus, die häufigste Krankheit bei Tomaten. Er braucht für seine Entwicklung Feuchtigkeit und Temperaturen um 20 °C.

Blätter und Früchte weisen meist ab Mitte Juli bräunliche, später faulende Stellen auf. Gerade in regenreichen Sommern kann die Braunfäule in kurzer Zeit ganze Bestände vernichten.

VORBEUGENDE MASSNAHMEN:

- Sonniger, regenarmer und luftiger Standort
- Großzügige Pflanzabstände einhalten und Pflanzen mit starker Seitentriebbildung regelmäßig ausgeizen
- Tomaten nicht von oben über die Blätter gießen und Tomaten nicht in der Nähe von Kartoffeln anbauen
- (Stickstoff-)Überdüngung vermeiden
- Befallene Pflanzenteile und Früchte entfernen und entsorgen
- für einen sicheren Ertrag möglichst unterschiedliche Tomaten und widerstandsfähige Sorten anbauen, da nicht alle Sorten gleichermaßen empfindlich auf den Pilz reagieren

ERNTE

Tomaten verändern mit der Reife ihre Farbe von grün zur sortentypischen Färbung. Bei dunklen Tomaten ist an der sonnenabgewandten Seite in der Regel die Oliv- oder Violettfärbung nicht so stark ausgeprägt, sodass hier eine Veränderung von grün auf rot oder gelb beobachtet werden kann.

Am schwierigsten zu beurteilen ist der Reifezeitpunkt bei grünen Tomaten. Hier kann man die Früchte vorsichtig drücken, grüne unreife Tomaten fühlen sich noch hart an.

Cocktailtomaten und andere kleinfrüchtige Tomaten können meist mit der Hand direkt geerntet werden. Vor allem bei Fleischtomaten sollte jedoch der Fruchtstiel mit der Schere abgeschnitten werden, da die Früchte sonst leicht einreißen.

Tomaten sind frostempfindlich und werden bei uns nur einjährig kultiviert. Mit der herbstlichen Kälte und Feuchtigkeit sterben sie ab. Noch grüne und makellose Früchte können zum Nachreifen ins Haus geholt werden. Grüne, unreife Tomaten sollten gar nicht bzw. in Chutneys nur in geringen Mengen verwendet werden, da sie den giftigen Stoff Solanin enthalten.

PAPRIKA UND CHILI

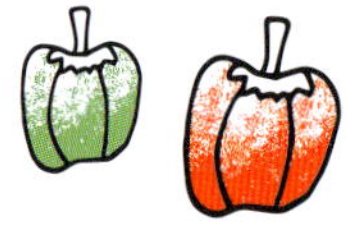

AUF EINEN BLICK

VORANZUCHT ab Mitte Februar	**KEIMDAUER** 10–14 Tage
KEIMTEMPERATUR 25–28 °C, nicht unter 20 °C	**ERNTE** je nach Sorte ab Juli bis zum Frost
PFLANZUNG ab Mitte Mai	**ZU BEACHTEN** Gute Wasser- und Nährstoffversorgung

ANBAU

Paprika und Chili benötigen einen vollsonnigen, warmen und geschützten Platz, wobei nicht alle Sorten für den Freilandanbau geeignet sind. Die besonders wärmebedürftigen sollten im Gewächshaus oder Folientunnel kultiviert werden. Die meisten Chili- und die eher kleinfrüchtigen Paprikasorten sind auch für die Kultur im Topf geeignet und gedeihen gut an einem sonnigen Platz auf Balkon und Terrasse.

Bewährte Sorten von Gemüsepaprika sind z. B. 'California Wonder', 'Macho' und 'Neusiedler Ideal'. Eine bewährte Chilisorte mit hohem Schärfegrad ist die 'Habanero'. 'Santa Fe Grande' ist eine bewährte Chilisorte mit Schärfegrad 3–4.

Die Aussaat erfolgt Mitte Februar entweder in Aussaatschalen oder kleinen Töpfchen an einem warmen, hellen Platz. Dabei ist zu beachten, dass Paprika und Chili eine hohe Keimtemperatur von 25–28 °C benötigen. Wenn Samen nicht oder sehr lange nicht keimen, liegt es oft an zu niedrigen Temperaturen unter 20 °C. Eine Fensterbank über einer Heizung oder eine Heizmatte ist daher für die Anzucht gut geeignet. Eine Abdeckung mit Klarsichtfolie ist für die Keimdauer von Vorteil. Auch ein Anzuchtgewächshaus kann gute Dienste leisten. Nach der Keimung werden Heizmatte und Abdeckung entfernt. In Aussaatschalen angezogen, werden die kleinen Pflänzchen nach ca. drei Wochen pikiert und an einen sonnigen, hellen Platz gestellt. Vor dem Auspflanzen nach den letzten Frösten Mitte bis Ende Mai sollten die Jungpflanzen schrittweise abgehärtet werden.

Paprika haben einen hohen Nährstoffbedarf. Nach dem Auspflanzen in mit Kompost und Gesteinsmehl vorbereitete Erde fördern regelmäßige Düngegaben etwa alle zwei bis drei Wochen – am besten in Form von Pflanzenjauche – ein gesundes

Wachstum und einen reichen Fruchtansatz. Große Gemüsepaprika wie Blockpaprika haben dabei einen höheren Nährstoffbedarf als Chilis mit ihrer meist kürzeren Entwicklungszeit.

Eine ausreichende Wasserversorgung ist wichtig. Ein Gießen über die Blätter schadet dabei nicht, solange die Pflanzen schnell wieder abtrocknen können. Stehen die Pflanzen vor allem in der Zeit der Blütenbildung und des Fruchtansatzes zu trocken, kann der Blütenansatz abfallen, sodass sich keine Früchte entwickeln. Bei Chilis kann Trockenheit im Reifestadium zu einer stärker ausgeprägten Schärfe führen.

Vor allem höher wachsende Sorten und Paprika mit schweren Früchten sollten gestützt werden. Dazu eignen sich z. B. Bambusstäbe, an denen die Pflanzen locker angebunden werden.

In manchen Kulturbeschreibungen wird empfohlen, die erste Knospe, die sogenannte Königsblüte, auszubrechen, damit sich die Pflanzen stärker verzweigen und an Seitentrieben mehr Früchte entwickeln. Die Meinungen hierzu gehen jedoch stark auseinander, und in Vergleichsanbauversuchen hat sich dies vor allem bei Chilis und kleinfrüchtigen Paprika nicht bestätigt.

ERNTE

Paprika und Chili reifen in unterschiedlichen Farbabstufungen. Nach einem Farbwechsel von grün, gelb oder auch violett bzw. braun nach rot bzw. gelb oder orange sind die Früchte reif. Grüne Paprika, auch wenn sie verzehrt werden können, sind immer unreif, und es fehlt ihnen meist das süß-fruchtige Aroma der reifen Frucht. Bei Chili ist die Schärfe bei Vollreife auf dem Höhepunkt. Unreif geerntete Chilis verfügen in der Regel über eine geringere Schärfe.

Für die Ernte von Paprika und Chili wird am besten eine Schere verwendet, um Verletzungen an der Pflanze zu vermeiden und ein Brechen der Triebe zu verhindern.

Sind im Herbst bei Frostgefahr noch viele unreife Früchte an der Pflanze, kann die ganze Pflanze mit Wurzelballen ausgestochen und in einem Eimer an einen hellen Platz mit Temperaturen von 10–15 °C gestellt werden. Die Früchte reifen in der Regel gut nach. Diese Vorgehensweise ist auch sinnvoll, wenn es im Herbst anhaltend nasskalt ist. Denn bei Feuchtigkeit und Temperaturen unter 5 °C fangen die Früchte leicht zu faulen an.

SCHÄRFEGRAD

Der Schärfegrad von Paprika und Chili wird in Scoville-Einheiten auf einer Skala angegeben. In Scoville wird ausgedrückt, wie hoch der Verdünnungsgrad mit Wasser sein müsste, um die Schärfe zu neutralisieren. Die Schärfegrade können etwa wie folgt dargestellt werden, wobei das Empfinden der Schärfe unterschiedlich sein kann:

Mild und süß, keine Schärfe:
Schärfegrad 0, 0 Scoville
Milde bis mittlere Schärfe:
Schärfegrad 1–3, bis 1500 Scoville
Scharf bis sehr scharf:
Schärfegrad 4–7, bis 30 000 Scoville
Extrem scharf:
Schärfegrad 8–10, bis 500 000 Scoville

Für die Verarbeitung und die Samenernte von scharfen Chilis unbedingt Einweghandschuhe tragen! Chilis ab einem Schärfegrad von 7 oder 8 sind nur als Gewürz und nicht zum Direktverzehr geeignet.

AUBERGINE

AUF EINEN BLICK

VORANZUCHT	KEIMDAUER
Mitte Februar	etwa 10–14 Tage
KEIMTEMPERATUR	**ERNTE**
25–28 °C	je nach Sorte ab Juli bis zum Herbst
PFLANZUNG	**ZU BEACHTEN**
ab Mitte bis Ende Mai	vollsonniger, besonders warmer Platz notwendig

ANBAU

Auberginen benötigen im Freiland den wärmsten und sonnigsten Platz. Viele Sorten sollten nur im Gewächshaus kultiviert werden.

Wählen Sie robuste und frühreifende Sorten für das Freiland, z. B. 'Frühviolette'. Für die Topfkultur bietet sich 'Bambino' an. 'Dourga' und 'Benarys Blaukönigin' sind geschützt anzubauen.

Wie bei Paprika erfolgt die Aussaat Mitte Februar, und empfehlenswert sind 25–28 °C zur Keimung. Die weitere Kultur ist ebenso vergleichbar.

Das Auspflanzen sollte erst bei stabil warmen Temperaturen erfolgen. Reifer Kompost und verrotteter bzw. kompostierter Hühnermist unterstützen den Nährstoffbedarf der Auberginen. Außerdem benötigen die Pflanzen regelmäßige und reichliche Wassergaben.

Auberginen wachsen buschig und werden dabei 60 bis über 120 cm hoch. Eine Stütze mit einem stabilen Stab ist anzuraten.

ERNTE

Auberginen werden halbreif geerntet, bevor die Samen in den Früchten voll ausgebildet sind. Reife Früchte entwickeln oft Bitterstoffe, und die Kerne werden hart. Halbreife Früchte lassen sich daran erkennen, dass die Frucht nicht mehr ganz fest ist und sich leicht eindrücken lässt. Früchte, die bereits in die Reife übergehen, zeigen einen gelblichen oder gelblich braunen Farbumschlag, und der typische Glanz der Schale wird stumpf. Damit die Pflanzen laufend neue Früchte ausbilden, sollten die Auberginen in einem jungen Stadium regelmäßig geerntet werden. Die Früchte dabei am besten mit einer Schere abschneiden, um eine Verletzung der Pflanze zu vermeiden.

KÜRBISSE UND ZUCCHINI

AUF EINEN BLICK

AUSSAAT Mitte April vorziehen	**KEIMDAUER** 8–12 Tage
KEIMTEMPERATUR etwa 20 °C	**ERNTE** je nach Sorte ab Juli bis Oktober
PFLANZUNG nach den letzten Frösten, Mitte Mai	**ZU BEACHTEN** gute Nährstoffversorgung

ANBAU

Kürbisse sind Starkzehrer. Ein warmer, sonniger Standort und eine gute Nährstoffversorgung sind für eine erfolgreiche Kultur unbedingt notwendig.

Bewährte Kürbissorten sind z. B. 'Delicata', 'Angelique' und 'Blue Kuri'. Als Zucchinisorten sind 'Serafina' und 'Costata Romanesco' zu empfehlen.

Die meisten Zucchini wachsen in Buschform, große Kürbisse beranken dagegen große Flächen. Es ist daher ein Platzbedarf von mindestens einem Quadratmeter je Pflanze vorzusehen. Kürbisse mit kleinen und nicht so schweren Früchten können platzsparend an Rankgittern gezogen werden.

Da Kürbisse eine relativ lange Kulturdauer haben, sollte die Voranzucht im Laufe des Aprils erfolgen, ohne sie zu pikieren. Die Voranzucht erfolgt daher in kleinen Töpfchen. Kürbisse haben einen hohen Nährstoffbedarf. So kann direkt in Komposterde gesät werden. Gepflanzt wird nach den letzten Frösten in ein nährstoffreiches Beet.

ERNTE

Für den Anbau von Kürbissen empfiehlt es sich, Sorten mit einer eher kurzen Reifezeit auszuwählen. Zucchini können hingegen unreif und daher schon ab Frühsommer und laufend bis in den Herbst geerntet werden. Die Früchte werden hierfür mit einem scharfen, sauberen Messer am Stielansatz abgeschnitten. Am besten jung ernten, dann sind Zucchini zart und delikat. Außerdem werden durch eine regelmäßige Ernte ständig neue Früchte gebildet. Die reifen Kürbisse werden spätestens vor dem ersten Frost ins Haus geholt. Auch hier wird der Stiel der Früchte am Ansatz zur Ranke abgeschnitten. Für eine Lagerung müssen Kürbisse gut ausgereift sein.

GURKE

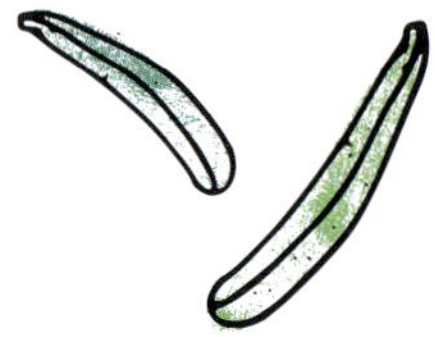

AUF EINEN BLICK

AUSSAAT	KEIMDAUER
Ende April vorziehen/ Direktsaat Mitte Mai	etwa 6–10 Tage
KEIMTEMPERATUR	**ERNTE**
18–28 °C	ab Juni/Juli bis zum Herbst
PFLANZUNG	**ZU BEACHTEN**
ab Mitte bis Ende Mai	regelmäßige, großzügige Wassergaben

ANBAU

Gurken sind wärmeliebend und benötigen einen sonnigen und vor Wind geschützten Standort. Im Freiland können Gurkenbeete zwischen etwas höher wachsenden Pflanzen angelegt werden, um diesem Bedürfnis entgegenzukommen. Gleichzeitig ist ein humoser, lockerer Boden wichtig, in den die Gurken leicht einwurzeln können.

Für das Freiland bewährt haben sich Sorten wie 'Dekan', 'Kaiser Alexander' und 'Marketmore'.

Gurken bilden viele lange Ranken. Bei Freilandsorten kann der Anbau kriechend auf dem Boden erfolgen, allerdings muss bei der Pflanzung dann der entsprechende Platz berücksichtigt werden. Gewächshausgurken werden in der Regel an Schnüren hochgeleitet. Schlangengurken entwickeln nur mit ungehindert hängenden Früchten lange und gerade Gurken.

Obwohl Gurken rasch keimen und schnellwüchsig sind, sind vor allem die kleinen Sämlinge empfindlich. Säen Sie immer ein paar mehr Gurkensamen, als Sie eigentlich benötigen, da meist nicht alle Sämlinge überleben oder sich kräftig genug entwickeln. Aufgrund der besonders empfindlichen Wurzeln dürfen Gurken nicht pikiert und auch nicht über einen zu langen Zeitraum vorgezogen werden. Durch das relativ schnelle Wachstum reicht eine Aussaat entweder direkt ins Beet Mitte Mai nach den letzten Frösten oder ein Vorziehen von lediglich zwei bis drei Wochen vor dem geplanten Auspflanztermin. Bleiben die Pflanzen zu lange in Töpfen, können sich die Wurzeln nicht mehr weiterentwickeln, die Pflanzen bekommen einen Wachstumsstopp, und das Anwurzeln im Beet wird erschwert.

Sollte nach Aussaat oder Auspflanzen kein stabil warmes Wetter folgen, empfiehlt es sich, Freilandgurken vorübergehend mit einem kleinen Folientunnel zu schützen. Bei Temperaturen unter 5 °C können die Gurken absterben. Im Zweifelsfall lieber noch ein paar Tage mit der Aussaat bzw. Pflanzung warten.

Das Beet wird mit großzügigen Gaben reifen Komposts für die nährstoffbedürftigen Gurken vorbereitet. Über die Sommermonate kann vierzehntägig mit Brennnessel- und Beinwelljauche gegossen und so das Wachstum und der Fruchtansatz unterstützt werden. Für einen guten Fruchtansatz und ausgeformte Früchte sind reichliche, regelmäßige Wassergaben unerlässlich. Anhaltende Trockenheit und unregelmäßiges Gießen können zu verkrüppelten Früchten und zur Bildung von Bitterstoffen führen. Dasselbe passiert, wenn man – vor allem an heißen Tagen – mit kaltem Wasser gießt.

Gurken sind in der Regel Fremdbestäuber und auf Insekten angewiesen. Wie auch bei Kürbissen gibt es weibliche und männliche Blüten an einer Pflanze. Oft bilden Gurken anfangs viele männliche Blüten aus. Dann Geduld bewahren, die weiblichen Blüten kommen mit Sicherheit, meist auch in großer Anzahl. Im Gewächshaus oder Folientunnel muss allerdings gewährleistet sein, dass Bestäuberinsekten einfachen Zugang zu den blühenden Gurken haben.

ERNTE

Gurken werden grün und unreif geerntet, bevor die Früchte ihre Samen ausbilden. Zu spät geerntete Früchte verfügen bereits über ein vergrößertes Samengehäuse, die Schale wird fester, und die Gurken können Bitterstoffe enthalten. Wenn das typische Gurkengrün heller oder bereits gelblich wird, ist der ideale Erntezeitraum meist schon überschritten. Ausgereifte Gurken eignen sich in der Regel nicht mehr für den Verzehr.

VON DER BLÜTE ZUM STIEL

Die ursprüngliche Wildgurke hatte bittere Früchte. Im Laufe der Kultivierung wurden die Bitterstoffe jedoch weitestgehend herausgezüchtet. Dennoch sind die Bitterstoffe im Gurkenstiel meist noch enthalten, und die Bitterstoffe können in die Frucht wandern, wenn die Pflanzen z. B. durch Trockenheit Stress ausgesetzt sind. Einige alte Gurkensorten tendieren generell dazu, im Stielbereich bitter zu werden. Daher gab es früher auch die Regel, die Gurke von der Blüte zum Stiel zu schälen, um mögliche Bitterstoffe beim Schälen nicht auf die ganze Gurke zu verteilen. Beim Aufschneiden des letzten Drittels hin zum Stielansatz wurde dann probiert, ob sie bitter schmeckte, und der Rest wurde dann gegebenenfalls entsorgt. Bittere Gurken sollten nicht verzehrt werden, da die Bitterstoffe von Kürbisgewächsen nicht gut vertragen werden.

KOPFKOHL

AUF EINEN BLICK

AUSSAAT	KEIMDAUER
ab Februar bis Mitte Mai	6–10 Tage
KEIMTEMPERATUR	**ERNTE**
15–20 °C	je nach Sorte 60–140 Tage nach Aussaat
ZU BEACHTEN	
Kohlschädlinge	

ANBAU

Kopfkohl benötigt einen humosen und nährstoffreichen Boden mit gutem Wasserhaltevermögen in möglichst sonniger Lage. Am besten wird der Boden mit verrottetem Mist vorbereitet.

Bewährte Wirsingsorten sind z. B. 'Butterkohl' und 'Eisenkopf'. 'Filderkraut' ist eine alte Spitzkohlsorte und 'Granat' hat sich als Rotkohlsorte bewährt.

Im Anbau unterscheiden sich die Kohlsorten nicht wesentlich. Die Aussaatzeiten variieren sortenabhängig. Schnellwüchsige Sorten so früh wie möglich säen. Bis Mitte Mai folgen Lagerkohl und winterharte Sorten. Eine Voranzucht in ausgereiftem Kompost und von 15–20 °C ist empfehlenswert. Wenn die Pflänzchen eine Größe von 8–10 cm erreicht haben, werden sie ins Beet gepflanzt. Die meisten Sorten benötigen einen Pflanzabstand von mindestens 40 × 40 cm und haben einen hohen Wasserbedarf. Bei Trockenperioden gefolgt von hohen Wassergaben können die Köpfe aufplatzen.

ERNTE

Während früher Spitzkohl und erste Wirsingsorten schon ab zehn Wochen nach der Aussaat geerntet werden können, benötigen Herbst- und Winterkohle 4–5 Monate für eine abgeschlossene Kopfbildung. Geerntet werden die ganzen Köpfe, der Strunk wird mit einem scharfen Messer abgeschnitten. Eine Ausnahme stellt Butterkohl dar, bei dem aufgrund der lockeren Kopfbildung auch Einzelblätter geerntet werden können.

Frostharter Kopfkohl, wie Wirsing, können den Winter über im Beet bleiben und nach Bedarf geerntet werden. Solche Sorten sind vor allem bei fehlenden Lagermöglichkeiten empfehlenswert.

BLUMENKOHL UND BROKKOLI

AUF EINEN BLICK

AUSSAAT	KEIMDAUER
Februar bis Mitte Juli	6–10 Tage
KEIMTEMPERATUR	**ERNTE**
15–18 °C	ab 10 Wochen nach der Aussaat
ZU BEACHTEN	
Kohlschädlinge	

ANBAU

Die Ansprüche an Standort und Kulturbedingungen sind ähnlich wie bei anderen Kopfkohlen. Jedoch sollte eine übermäßige Düngung vermieden werden, da sich ansonsten der Geschmack verschlechtern kann.

'Neckarperle', 'Walcheren Winter' und 'Minaret' sind bewährte Blumenkohlsorten, bei Brokkoli haben sich u. a. 'Verde Calabrese' und 'Calinaro' bewährt.

Neben der Voranzucht in Aussaatschalen können erste Kohlsätze schon bei Temperaturen ab 8 °C ins Frühbeet oder Kaltgewächshaus gesät werden. Eine zweite Saat kann je nach Sorte Mitte Juni bis Anfang Juli erfolgen. Einige wenige Sorten verfügen über eine ausreichende Frosthärte für den Überwinterungsanbau. Sie werden im August in Töpfchen gesät und im Folienhaus oder Frühbeet überwintert.

ERNTE

Verpasst man bei Blumenkohl den richtigen Erntezeitpunkt, dann schießt die Blume, wird bräunlich, und es bilden sich hochstrebende Blütentriebe. Bei Brokkoli erfolgt die Ernte erst, wenn die einzelnen Knospen bereits sichtbar und gut ausgebildet sind. Jedoch darf auch hier nicht zu lange gewartet werden, da die Pflanze sonst zu blühen beginnt. Bei sehr hohen Temperaturen können die Knospen durchtreiben, bevor sie eine kompakte Rose bilden. Sind solche Tendenzen zu erkennen, sollte man lieber früher ernten.

Während bei Blumenkohl bei der Ernte die ganze Pflanze abgeschnitten wird, kann bei Brokkoli lediglich die Hauptrose mit einem Stück Spross entfernt werden. Aus den Seitenachseln treiben dann vor allem bei alten Brokkolisorten laufend neue Rosen. Diese sind zwar kleiner, können dafür im besten Fall aber über die ganze Saison bis zum Frost geerntet werden.

KOHLRABI

AUF EINEN BLICK

AUSSAAT	KEIMDAUER
Februar bis Mitte Juli	6–10 Tage
KEIMTEMPERATUR	**ERNTE**
15–18 °C	ab 10 Wochen nach der Aussaat
ZU BEACHTEN	
Kohlschädlinge	

ANBAU

Die Ansprüche an Standort und Kulturbedingungen ähneln denen des Kopfkohls, wobei Kohlrabi aufgrund seiner kurzen Kulturdauer auch mit weniger gut gedüngtem Boden zurechtkommt.

Bewährte Sorten sind z. B. 'Azur Star', 'Blauer Speck' und 'Superschmelz'.

Kohlrabi ist eine tolle Vor-, Zwischen- und Nachkultur und lässt sich gut in die Mischkultur integrieren. Erste Saaten können bereits im Februar ausgebracht und im Frühbeet oder Folienhaus gepflanzt werden. Weitere Aussaaten folgen in Sätzen bis Mitte Juli. Wichtig ist, Kohlrabi nicht zu tief zu setzen, da sich sonst keine schöne Knolle bildet. Vor allem niemals tiefer pflanzen, als er bei der Anzucht stand, da dies Wachstumsstockungen verursachen kann. Ansonsten entsprechen Voranzucht, Keimzeit und Keimtemperatur sowie die Kulturansprüche etwa denen des Kopfkohls.

ERNTE

Kohlrabi wird im Ganzen geerntet, wobei der Wurzelstrunk abgeschnitten wird. Am besten wird er jung geerntet, wenn die Knolle die sortentypische Größe und Form erreicht hat. Zu diesem Zeitpunkt ist Kohlrabi zart und von bestem Geschmack. Bei späterer Ernte beginnen die Knollen, unförmig und holzig zu werden. Bei Frühsorten kann witterungsabhängig nach zehn bis 15 Wochen geerntet werden. Große Herbstsorten benötigen einige Wochen länger. Sorten wie 'Superschmelz' können für den Winterverzehr eingelagert werden. Hierfür vor dem ersten Frost die ganze Knolle mit Wurzel aus dem Boden nehmen und in feuchtem Sand an einem kühlen Ort mit hoher Luftfeuchtigkeit einlagern.

Die Knollen sind mindestens bis Weihnachten lagerfähig. Kohlrabi kann auch geschnitten, blanchiert und eingefroren werden.

GARTENSALAT

AUF EINEN BLICK

VORANZUCHT	KEIMDAUER
ab Februar, weitere Saaten in regelmäßigen Sätzen das Jahr hindurch	6–10 Tage
KEIMTEMPERATUR	**ERNTE**
ab 12–16 °C	je nach Sorte & Witterung 8–12 Wochen nach der Aussaat

ANBAU

Ein humoser, mit Kompost vorbereiteter Boden in sonniger Lage sorgt für gutes Wachstum. Vor allem bei Sommerkulturen ist auf ausreichende Feuchtigkeit zu achten, da Trockenheit die Blütenbildung fördert.

Bewährte Sorten sind z. B. 'Grazer Krauthäuptel', 'Till', 'Maikönig' und 'Neusiedler Gelber Winter'.

Frühlingssalate können nach dem Vorziehen ab März ins Freiland gepflanzt werden. Viele der frühen Sorten sind auch für die Herbsternte mit einer Aussaat ab Ende Juli geeignet. Frostunempfindliche Sorten werden bei Kopfsalaten Anfang September gesät. Ein Vorziehen, außer bei Schnittsalat, ist ratsam, da Keimlinge schneckengefährdet sind. Werden die Salate in Aussaatschalen angezogen, sollte spätestens nach dem Erscheinen des zweiten echten Laubblatts pikiert werden.

Salat keimt am besten bei Temperaturen zwischen 12 und 16 °C. Bei anhaltend hohen Temperaturen können die Aussaatgefäße nachts in den Keller oder den Kühlschrank gestellt werden.

ERNTE

Salate können nach 8–12 Wochen geerntet werden, dabei spielen jedoch Sorte, Temperaturen und Wasserversorgung eine Rolle. Große kopfbildende Salate haben eine längere Kulturdauer als beispielsweise Pflücksalate. Letztere punkten mit einem längeren Erntezeitraum, da man bei ihnen einzelne Blätter und nicht einen ganzen Kopf am Stück erntet.

Bei einem geschickt gestaffelten Anbau und regelmäßigen Nachsaaten kann fast das ganze Jahr über frischer Salat geerntet werden. Voraussetzung ist die jahreszeitlich passende Sortenwahl und ein Winterschutz.

ENDIVIEN UND ZICHORIENSALATE

AUF EINEN BLICK

AUSSAAT	KEIMDAUER
ab Mai (Sommer-endivie), ab Juli Herbst- und Wintersorten	10–14 Tage
KEIMTEMPERATUR	**ERNTE**
ab 12–20 °C	ab 10 Wochen nach der Aussaat

ZU BEACHTEN

regelmäßige, großzügige Wassergaben

ANBAU

Die meisten Endivien und Zichoriensalate sind gute Nachkulturen, die ab Juli gepflanzt werden. Abhängig von der Vorkultur sollte das Beet reichlich mit reifem Kompost versorgt werden.

Bewährte Endiviensorten sind z. B. 'Diva' und 'Myrna' und bei den Zichoriensalaten 'Palla Rossa' sowie 'Aurelia'. Bei Chicorée sind lediglich 'Di Bruxelles' und 'Macun' zu empfehlen.

Endivien und Zichoriensalate werden sortenabhängig frühestens ab Mai (Sommerendivie), die meisten Sorten jedoch erst ab Juni bis August gesät. Sie sind Langtagpflanzen mit Keimtemperaturen über 20 °C, die durch Kälteimpulse zur Blütenbildung angeregt werden. Bei der Jungpflanzenaufzucht sollten die Temperaturen nicht unter 12 °C sinken. Ein Vorziehen in Aussaattabletts ist ratsam. Als Dunkelkeimer werden die Samen mit einer etwa 0,5 cm dicken Schicht Erde bedeckt.

ERNTE

Geerntet werden die Bittersalate, sobald sie die sortentypische Kopfgröße erreicht haben. Bei Endivien ist dies nach etwa zehn Wochen der Fall, der große Zuckerhut dagegen benötigt mindestens zwölf Wochen. Schnittendivien und Baby-Leaf-Saaten können mehrmals geschnitten werden.

Die meisten Endivien und Zichoriensalate vertragen einige Minusgrade und können bis in den Herbst hinein im Beet bleiben. Eine Vliesabdeckung gibt zusätzlich Schutz.

Vor dem „richtigen" Wintereinbruch mit dauerhaftem Frost sollten Endivien, Zuckerhut und Radicchio eingelagert werden. Hierfür werden die Pflanzen komplett mit der Wurzel aus der Erde genommen und in feuchtem Sand oder Erde eingeschlagen. Kühle Keller mit hoher Luftfeuchte oder ein Frühbeet, wo mit Stroh abgedeckt wird, sind als Lagerort am besten geeignet.

FELDSALAT, RAUKE & CO.

AUF EINEN BLICK

VORANZUCHT	KEIMDAUER
März bis April und August bis September	6–10 Tage
KEIMTEMPERATUR	**ERNTE**
ab 15–20 °C	je nach Art und Witterung 4–12 Wochen nach der Aussaat

ANBAU

Ein möglichst sonniger Standort im winterlichen Garten fördert das Wachstum, und die Pflanzen speichern weniger Nitrat. Ein Anbau im Frühbeet oder Folientunnel ist ebenso möglich. Kompost in den Beeten unterstützt eine reiche Blattbildung.

Diese Salatgemüse sind ideale Vor- bzw. Nachkulturen. Bewährte Sorten sind z. B. 'Elan' und 'Vit'.

Der Anbau erfolgt in der Regel im Frühling, sobald der Boden frostfrei ist, oder ab August bis Ende September. Sowohl eine Aussaat in Reihen als auch eine breitwürfige Aussaat ist möglich. Sollten ab August die geplanten Beetflächen noch nicht frei sein, ist ein Vorziehen sinnvoll. Je Aussaateinheit werden mehrere Samen gesät und dünn mit Erde bedeckt. Bei Sommersaaten können die Aussaatgefäße ins Freiland gestellt werden. Ohne die jungen Pflänzchen weiter zu vereinzeln, wird in einem Abstand von etwa 10 × 10 cm ausgepflanzt.

ERNTE

Feldsalat
Eine Aussaat Anfang bis Mitte August ermöglicht abhängig von der Witterung eine Ernte im Spätherbst und eine zweite Ernte im Frühling, wenn das Herz der Pflanzen nicht abgeschnitten wurde.

Rucola und Gartenrauke
Frühe Aussaat ab März, wenn der Boden frostfrei ist, oder Saaten für die Herbst- und Winterernte ab August. Nach vier bis sechs Wochen kann er bereits geschnitten werden.

Winterportulak
Bei einer Aussaat Ende August bis Anfang September sind Feldsalat und Winterportulak witterungsabhängig noch im Herbst nach acht bis zwölf Wochen oder im darauffolgenden Frühling erntereif. Besonders milde Winter erlauben sogar eine durchgängige Winterernte.

MÖHRE

AUF EINEN BLICK

AUSSAAT	KEIMDAUER
ab März bis Ende Juni	bis zu 3 Wochen
KEIMTEMPERATUR	**ERNTE**
ab 6–25 °C	je nach Sorte 12 Wochen bis zu 5 Monate nach der Aussaat
ZU BEACHTEN	
Saatbeet von Beikräutern frei halten	

ANBAU

Möhren benötigen einen lockeren, humosen Gartenboden, der nicht frisch gedüngt sein darf. Zu hohe und frische Düngegaben führen leicht zu Wurzelkrankheiten. Auf schweren Böden ist der Anbau eher schwierig. Eine gute Alternative ist der Anbau im Hochbeet.

Bewährte Sorten sind z. B. 'Gniff', 'Nantaise', 'Purple Dragon', 'Rodelika' und 'Rote Riesen'.

Frühe Sorten können bereits im März gesät werden, sobald der Boden frostfrei ist. Späte Sorten für die Lagerung sowie einige alte farbige Sorten werden erst ab Mai gesät. Eine Aussaat ist bis Ende Juni möglich.

Möhren keimen bereits bei Temperaturen ab etwa 6 °C. Ideal sind Temperaturen um 18 °C. Sie werden am besten in Reihen mit einem Abstand von 20–30 cm gesät. Nach der Keimung wird auf einen Abstand von 5 cm ausgedünnt, sodass jede Möhre genügend Platz erhält.

ERNTE

Für die Ernte werden die Möhren einzeln aus dem Beet gezogen. Größere Exemplare werden zuerst geerntet, wodurch kleinere benachbarte dann mehr Platz für ihre weitere Entwicklung bekommen. Bei frühen Sätzen, die jung und zart für Sommergemüse geerntet werden, beginnt die Ernte 12 Wochen nach der Aussaat. Große Lagermöhren benötigen 4–5 Monate bis zur Ernte.

Wer über keine passenden Lagermöglichkeiten verfügt, kann die Möhren im Beet lassen. Mit Stroh und einem Vlies abgedeckt, bleibt der Boden in der Regel frostfrei, und die Möhren können nach und nach – bei frostfreiem Wetter – über den Winter geerntet werden.

PASTINAKE

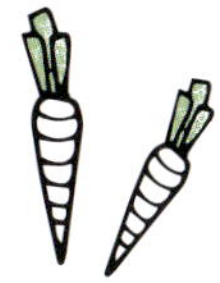

AUF EINEN BLICK

AUSSAAT	KEIMDAUER
März bis Anfang Juni	bis zu 3 Wochen
KEIMTEMPERATUR	**ERNTE**
15–20 °C	Spätsommer, Herbst und Winter
ZU BEACHTEN	
regelmäßige, großzügige Wassergaben	

ANBAU

Pastinaken benötigen für die Ausbildung ihrer Wurzeln einen möglichst tiefgründigen, gut aufgelockerten, aber kräftigen Boden. Wird auf einem mit reifem Kompost vorbereiteten Beet gesät, werden keine weiteren Düngegaben benötigt.

Bewährte Sorten sind 'Aromata', 'Halblange Weiße' sowie 'Tender and True'

Die Pastinake kann gesät werden, sobald der Boden frostfrei ist. Für die winterliche Versorgung ist eine Aussaat im Mai/Juni jedoch ausreichend. Gesät wird etwa 1 cm tief in Reihen mit einem Reihenabstand von 30–40 cm. In der Reihe werden die kleinen Pflanzen auf 5–10 cm ausgedünnt. Ein Vorziehen ist nicht zu empfehlen.

Pastinaken haben eine lange Keimdauer. In dieser Zeit das Beet unbedingt gut feucht halten. Um die Reihen zu markieren, können Radieschen mit in die Reihe gesät werden. Diese sind geerntet, bevor die Pastinake den gesamten Platz benötigt.

ERNTE

Bis zur Ernte dauert es 5–6 Monate. Die Pastinake kann über Winter im Beet bleiben und nach und nach geerntet werden, wenn die Pflanzen mit Stroh geschützt und abgedeckt werden. Diese Vorgehensweise ist einer Einlagerung vorzuziehen. Zu beachten ist, dass die Pastinake bei zunehmender Kälte und bei Frost süßer wird.

Für die Ernte werden die Wurzeln am Laub aus dem Boden gezogen. Sicherheitshalber Handschuhe tragen, da das Laub einiger Sorten durch enthaltene Cumarinverbindungen Hautirritationen auslösen kann. Für den Verzehr der Wurzeln spielt dies jedoch keine Rolle.

ROTE BETE

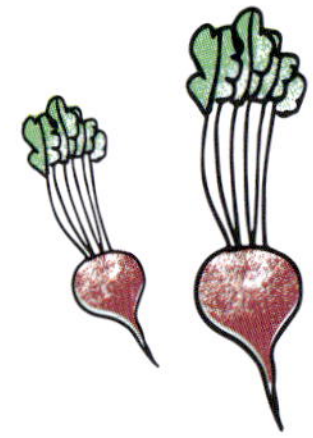

AUF EINEN BLICK

VORANZUCHT	KEIMDAUER
Mitte April bis Mitte Juni	10–14 Tage
KEIMTEMPERATUR	**ERNTE**
16–22 °C	etwa 4 Monate nach der Aussaat, spätestens bei Frostbeginn

ANBAU

Rote Beten mögen einen humosen und am besten lehmigen Boden in möglichst sonniger Lage. Das Beet wird mit reifem Kompost vorbereitet. Bezüglich des Nährstoffbedarfs gilt die Rote Bete als Mittelzehrer.

Bewährte Sorten sind z. B. 'Rote Kugel', 'Cylindra' und 'Ägyptische Plattrunde'.

Die Aussaat erfolgt von Mitte April bis Mitte Juni. Rote Bete wird entweder in Aussaattabletts vorgezogen und später ausgepflanzt oder direkt in Reihen mit einem Abstand von 25 cm gesät. Rote-Bete-Saatgut besteht oft aus Knäueln, in denen sich jeweils vier bis fünf Einzelsamen befinden. Deshalb keimen oft zwei bis drei Pflanzen dicht nebeneinander, was das Vereinzeln notwendig macht. Der endgültige Abstand in den Reihen sollte etwa 10–15 cm betragen. Die ideale Keimtemperatur liegt bei 16–22 °C. Während der Wachstumsperiode sind Rote Beten dankbar für Kräuterjauchegaben etwa alle drei bis vier Wochen. Im Herbst kann Rote Bete bis zum ersten Frost im Beet bleiben, gegebenenfalls muss er mit Vlies vorübergehend abgedeckt werden.

ERNTE

Frühe Saaten können bereits im Sommer geerntet werden. Sollen die Knollen eingelagert werden, reicht eine Aussaat Ende Mai für die Herbsternte. Die Kulturdauer beträgt etwa vier Monate. Die Knollen sind erntereif, sobald sie ihre sortentypische Form und Größe erreicht haben. Für die Ernte und Lagerung werden die Knollen vorsichtig aus der Erde gezogen. Dann vorsichtig die Blätter abdrehen, ohne die Knollen zu beschädigen. Für die Lagerung am besten im kühlen Keller bei 3–5 °C ungewaschen in feuchten Sand einschlagen.

RADIESCHEN UND RETTICH

AUF EINEN BLICK

AUSSAAT Februar bis Ende August	**KEIMDAUER** 7–10 Tage
KEIMTEMPERATUR 15– 20 °C	**ERNTE** je nach Sorte 4–12 Wochen nach der Aussaat

ANBAU

Radieschen und Rettiche mögen einen Platz, der nicht ganztägig Sonne aufweist. Humoser, lockerer und nährstoffreicher Boden bietet Rettichen die besten Voraussetzungen. Auf eine ausgeglichene Wasserversorgung sollte geachtet werden.

Bewährte Radieschensorten sind 'Riesenbutter', 'Sora', 'Eiszapfen' und 'French Breakfast'. Als Rettichsorten haben sich z. B. 'Ostergruß rosa' und 'Münchner Bier' bewährt.

Abhängig von der Rettich- und Radieschensorte kann fast das ganze Jahr über gesät werden. Frühe Treibsorten können ab Februar ins Freiland kommen. Späte Sorten werden ab Mitte Juli bis Ende August für die Herbsternte gesät. Ein Vorziehen ist bei Rettichen und Radieschen nicht notwendig, da sie bereits ab einer Temperatur von 6 °C keimfähig sind. Gesät wird maximal 1 cm tief. Bei späten Frösten sollten die jungen Kulturen mit einem Vlies geschützt werden. Gesät wird am besten in Reihen bei einem Reihenabstand von 10–20 cm, je nach Sorte. Auch der Abstand in der Reihe ist sortenabhängig. Radieschen benötigen nur wenige Zentimeter, Rettiche dagegen 10–20 cm Abstand.

ERNTE

Radieschen sind nach 4–6 Wochen erntereif, Rettiche brauchen bis zu 12 Wochen. Die Kulturdauer ist abhängig von Temperatur und Wasserversorgung. Radieschen und Rettiche sind ideale Vor- und Nachkulturen.

Radieschen und Rettiche sind erntereif, sobald der Knollen- bzw. Rübenumfang gut zu erkennen ist. Zu spät geerntete Knollen bzw. Rüben können scharf und hart werden. Bei eng gesäten Kulturen empfiehlt es sich, die ersten größeren Exemplare früh zu ernten.

SELLERIE

AUF EINEN BLICK

VORANZUCHT	KEIMDAUER
März bis April und August bis September	6–10 Tage
KEIMTEMPERATUR	**ERNTE**
ab 15–20 °C	je nach Art und Witterung 4–12 Wochen nach der Aussaat

ANBAU

Sellerie benötigt einen humosen, nährstoffreichen Boden. Ein sonniges Beet, angereichert mit reifem Kompost oder Mistkompost, ist ideal.

Bewährte Sorten sind z. B. 'Monarch' und 'Tall Utah'.

Knollen- und Stangensellerie werden im Haus vorgezogen. Ausgesät wird ab Ende Februar bei ca. 20 °C. Die feinen Samen dabei gar nicht oder nur sehr dünn mit Erde bedecken. Nach der Keimung sind Temperaturen von 15 bis 18 °C ideal.

Ausgepflanzt wird ab Mitte Mai mit einem Abstand von etwa 30 × 30 cm und nicht zu tief. Während der Kulturzeit gut mit Wasser versorgen. Vorsicht ist beim Hacken geboten, da die flachen Wurzeln leicht verletzt werden. Besser ist es, eine Mulchschicht auszubringen, die gleichzeitig vor Austrocknung schützt.

ERNTE

Knollensellerie bleibt den ganzen Sommer über auf dem Beet und wird spätestens vor Frostbeginn im Ganzen geerntet. Die Knollen dabei am Grün aus der Erde ziehen und gegebenenfalls vorsichtig mit einer Grabgabel anheben. Für die Einlagerung wird das Selleriegrün abgeschnitten. Auch über den Sommer können einzelne Blätter zum Würzen geerntet werden.

Die Ernte der ersten Selleriestangen beginnt im Juni oder Juli. Die Stangen werden nach Bedarf nach und nach abgeschnitten, wobei die Pflanzen bis in den Herbst hinein weitertreiben. Auch die Ernte ganzer Pflanzen ist möglich. Im Laufe des Oktobers und vor den ersten Frösten sollte die Ernte abgeschlossen sein. Stangensellerie hält sich zwar ein bis zwei Wochen im Kühlschrank, ist jedoch nicht länger lagerfähig.

TOPINAMBUR

AUF EINEN BLICK

AUSSAAT	KEIMDAUER
Ende Februar bis Ende April	10–20 Tage
KEIMTEMPERATUR	**ERNTE**
10–18 °C	ab Oktober bis April

ANBAU

Topinambur ist ein typisches Gemüse, das über den Gartenzaun weitergegeben wird. Schließlich besitzt, wer ihn einmal hat, meist so viel davon, dass freudig abgegeben wird. Im Handel sind weiße bzw. gelbe und violette Sorten erhältlich. Oft werden auch getopfte Pflanzen angeboten, die ganzjährig im Garten gepflanzt werden können.

Topinambur nimmt mit beinahe jedem Standort vorlieb, allerdings sollte er am besten abseits der Gemüsebeete platziert werden. Topinambur kann auch als Ablenkungspflanze für Wühlmäuse gepflanzt werden.

Bewährte Sorten sind 'Weiße Trüffel', 'Gute Gelbe' sowie 'Dwarf'. Die Sonnenwurzel (Helianthus strumosus) ist eine nahe Verwandte des Topinamburs, und die Kultur ist vergleichbar. Die Sonnenwurzel bildet Knollen von der Größe mittelgroßer Kartoffeln. Ihr Geschmack ist fein nussig und erinnert an Schwarzwurzeln.

Ab März bis Ende April oder im Herbst von Oktober bis November werden die Knollen etwa 10 cm in die Erde gesetzt. Aus diesen erscheinen bei einer Bodentemperatur von mindestens 5 °C nach kurzer Zeit die Triebe, die bis zu 3 m hoch werden können.

ERNTE

Geerntet werden die Knollen im Herbst, wenn die oberirdischen Pflanzenteile braun und welk zu werden beginnen. Am besten werden die Knollen mit einer Grabgabel vorsichtig aus der Erde gehebelt. Folgeernten sind den ganzen Winter hindurch möglich, solange der Boden frostfrei ist. Einmal geerntet, hält sich Topinambur nicht lange, und die Knollen werden weich. Daher empfiehlt es sich, immer nur so viel zu ernten, wie auch zeitnah verbraucht werden kann.

KARTOFFEL

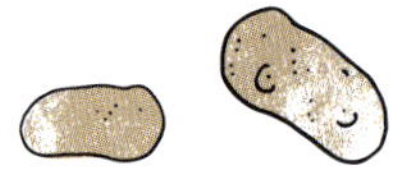

AUF EINEN BLICK

VORKEIMEN DER SAATKARTOFFELN ab Ende März	**SETZEN DER SAATKARTOFFELN** Mitte April bis Anfang Mai
BODENTEMPERATUR mind. 8–10 °C	**ERNTE** 3–4 Monate nach dem Setzen
PFLANZUNG ab Mitte Mai	**ZU BEACHTEN** gute Wasser- und Nährstoffversorgung

ANBAU

Um sich mit Kartoffeln selbst zu versorgen, benötigt man eine relativ große Fläche, für die am besten ein Stück Acker geeignet ist. Im Garten oder in der Kartoffelkiste lohnt es sich jedoch, im Lebensmittelhandel kaum erhältliche Sorten anzubauen.

Für Kartoffeln ist ein lockerer, am besten etwas sandiger Boden günstig. Durch den Anbau auf Dämmen und durch Hacken lassen sich jedoch auch schwerere Böden vorbereiten. Lehmige Böden sollen sogar geschmacksintensivere Kartoffeln hervorbringen. Lediglich Böden mit Staunässe sind ungeeignet. Eine möglichst sonnige Lage ist wichtig. Außerdem sind Kartoffeln Starkzehrer. Um ihrem Nährstoffbedarf gerecht zu werden, sollte das Beet bereits im Herbst mit abgelagertem Mist versorgt werden.

Die geplante Beetfläche wird mit unbedruckten Kartonagen ausgelegt. Darauf werden die Saatkartoffeln verteilt, und zwar so wie beim normalen Anbau in einem bestehenden Beet. Über die Kartoffeln wird eine dicke Schicht Stroh ausgebracht, die gut gewässert und angedrückt wird. Durch den Strohmulch und das Kartoffelkraut wird die ursprüngliche Vegetation im Beetbereich unterdrückt. Gleichzeitig lösen sich die Kartonagen übers Jahr auf, und es entsteht ein lockerer Boden. Für die Ernte wird das Stroh vorrübergehend entfernt, danach jedoch bis zum nächsten Frühling wieder als Mulch auf das Beet ausgebracht. In der folgenden Saison sollte das Beet für den Anbau anderer Gemüse gut mit Kompost versorgt werden. Die Kartoffelausbeute bzw. der Ertrag sind bei einer solchen Kultur zwar etwas bescheidener, dafür lassen sich auf diese Weise ohne großen Aufwand Beete anlegen.

Bewährte festkochende Sorten sind z. B. 'Bamberger Hörnchen', 'Blauer Schwede', 'Linda' und 'Franceline'. Als mehlig kochende Sorten können 'Ackersegen' und 'Schwarze Ungarin' empfohlen werden.

Kartoffeln kommen regions- und witterungsabhängig Mitte April bis Anfang Mai in den frisch aufgelockerten Boden. Die Saatkartoffeln werden dazu etwa vier Wochen vorher zum Vortreiben in Kisten ausgelegt. Durch das Licht werden rasch Triebe gebildet, die für einen Entwicklungsvorsprung sorgen. Kartoffeln werden in Reihen gelegt, bei einem Reihenabstand von 50–75 cm. Innerhalb der Reihe sollte ein Abstand von etwa 30 cm eingehalten werden. Sind die Kartoffeln ausgelegt, werden sie angehäufelt. Sobald die ersten Kartoffeltriebe etwa 10 cm aus dem Boden herausschauen, wird erneut gehackt und angehäufelt, bis nur noch die Triebspitzen zu sehen sind. In den so entstehenden Dämmen mit lockerer Erde können sich die jungen Kartoffeln am besten bilden. Ein weiteres Hacken ist eventuell noch einmal bei einer erneuten Triebhöhe von 10–15 cm erforderlich. Dies ist auch abhängig von der Beikrautentwicklung, die durch das Hacken und Anhäufeln unterbunden wird.

ERNTE

Die Kartoffelernte beginnt im Juni mit Frühkartoffeln. Spätere Sorten werden ab Ende August bis Ende September geerntet. Dabei werden Frühkartoffeln bereits dann aus der Erde geholt, wenn das Kraut noch grün ist. Frühestens nach 60 Tagen kann vorsichtig eine Knolle ausgegraben werden, an deren Schale man zum Testen der Reife reibt. Bleibt die Schale fest, sind die Kartoffeln erntereif. Frühkartoffeln sollten bald verwendet werden, da sie nicht gut lagerfähig sind. Lagerkartoffeln werden erst geerntet, wenn das Laub bereits abgestorben ist. Idealerweise lässt man die Kartoffeln noch zwei bis drei Wochen nach dem Absterben des Laubs im Boden, damit sich die Schale verfestigt. Dies ist für eine erfolgreiche Lagerung wichtig.

Geerntet wird am besten bei trockenem Wetter unter vorsichtigem Einsatz einer Grabgabel, um Verletzungen an den Kartoffeln zu vermeiden. Für die Lagerung die Kartoffeln nicht waschen und dunkel und kühl stellen. Dafür eignen sich Lattenkisten oder Weidenkörbe. Bleiben die Kartoffeln längere Zeit am Licht, vergrünen sie und enthalten dann das giftige Solanin. Daher sollten sie dann nicht mehr verzehrt werden.

ANBAU VON KARTOFFELN IN DER KARTOFFELKISTE

Möchte man eigene Kartoffeln auf kleiner Fläche ernten, kann die Kartoffelkiste helfen. Hierfür eignet sich eine hölzerne Kompostkiste oder eine Stellage aus stapelbaren Latten. Der Boden der Kiste wird mit Pflanzerde bedeckt. Darauf werden die Kartoffeln ausgelegt, wobei sie enger gelegt werden können als im normalen Beet. Über die Kartoffeln kommen dann etwa 10 cm Erde. Sind die Triebspitzen etwa 10 cm hoch, wird wieder Erde nachgefüllt, bis nur noch die Spitzen zu sehen sind. Dieser Vorgang wird mehrmals wiederholt. Durch die locker aufgefüllte Erde wachsen die Kartoffeln in solchen Kisten besonders gut, und die Nutzung der Vertikale kann den Ertrag um ein Vielfaches gegenüber einer vergleichbaren Fläche im Garten erhöhen. Zu bedenken ist, dass eine größere Menge an nährstoffreicher Erde benötigt wird und die Kiste regelmäßig gewässert werden muss. Für die Ernte wird die Kiste wieder abgebaut und die Kartoffeln können einfach entnommen werden. Die Erde kann anschließend für andere Pflanzungen verwendet werden.

GARTENBOHNE

AUF EINEN BLICK

VORANZUCHT	KEIMDAUER
ab Mitte April im Haus bzw. ab Mitte Mai im Freiland	8–10 Tage
KEIMTEMPERATUR	**ERNTE**
ca. 20 °C	ab Juli bis September
ZU BEACHTEN	
Samen bei der Aussaat nicht tief legen	

ANBAU

Gartenbohnen benötigen einen sonnigen, warmen und windgeschützten Platz. Ein lockerer, humoser, mit reifem Kompost aufbereiteter Boden ist ideal für den Anbau.

Bewährt haben sich Stangenbohnensorten wie 'Blauhilde' und 'Neckarkönigin' sowie 'Helios' und 'Saxa' als Buschbohnensorten.

Gartenbohnen werden nach den letzten Frösten im Mai direkt gesät oder bereits vorgezogen ausgepflanzt. Die Saattiefe liegt bei 1–2 cm. Die Jungpflanzen können später bei Bedarf angehäufelt werden. Bohnen werden in Gruppen von fünf bis sieben Samen gesät. Diese werden kreisförmig in einem Abstand von jeweils 20 cm bzw. bei Stangenbohnen jeweils um eine Stange gelegt. Bei Voranzucht die Samen entsprechend in kleine Töpfchen säen, die dann ohne Teilung gepflanzt werden.

Bohnenstangen können einzeln gestellt oder als Tipi bzw. mit einer Querstange aufgebaut werden. Wichtig ist, dass Abstände und Höhe der Bohnengerüste den Wuchseigenschaften der Sorte angepasst sind.

ERNTE

Geerntet werden sortenabhängig ab Anfang Juli bis in den Herbst hinein entweder die grünen Hülsen oder die milchreifen bzw. ausgereiften Samen. Dabei die Hülsen am besten mit einer Schere abschneiden. Bei regelmäßiger Ernte der grünen Hülsen setzen die Pflanzen laufend neue Bohnen an.

Bei Buschbohnen setzt die Ernte in der Regel früher ein als bei den hochwachsenden Stangenbohnen. Für die Ernte von Trockenbohnen sollten für ein sicheres Ausreifen der Samen Sorten mit einer möglichst kurzen Kulturdauer verwendet werden.

FEUERBOHNE

AUF EINEN BLICK

AUSSAAT	KEIMDAUER
ab Mitte April im Haus bzw. ab Mitte Mai im Freiland	8–10 Tage
KEIMTEMPERATUR	**ERNTE**
ca. 20 °C	ab Juli bis September
ZU BEACHTEN	
Samen bei der Aussaat nicht tief legen	

ANBAU

In der Kultur sind Feuerbohnen relativ anspruchslos. Sie können in rauen und höheren Lagen angebaut werden. Im Garten nicht den wärmsten Platz wählen, da Trockenheit und Hitze die Hülsenbildung beeinträchtigen kann. Ein halbschattiger Platz ist ausreichend.

Bewährt haben sich die Sorten 'Lady Di', 'Painted Lady', 'Preisgewinner' sowie 'Weiße Riesen'.

Feuerbohnen werden im Mai direkt gesät oder bereits vorgezogen ausgepflanzt. Die Samen können über Nacht eingeweicht werden, um die Keimung zu beschleunigen. Die Saattiefe liegt bei maximal 2 cm. Die Jungpflanzen sollten angehäufelt werden.

Wichtig sind lange und stabile Bohnenstangen oder Gerüste zum Hochranken der Pflanzen. Je Stange werden 5–6 Samen gelegt.

Bei Hitze und Trockenheit muss die Feuerbohne gut gegossen werden, da die Blüten sonst abfallen können. In heißen Sommern kann es passieren, dass aufgrund von Trockenheit und hohen Temperaturen kaum Hülsen angesetzt werden und sich erst im Spätsommer eine gute Ernte entwickelt.

ERNTE

Verwendet werden entweder die grünen Hülsen, die halbreifen Samen als Auskernbohne oder die ausgereiften Samen. Die Hülsen am besten mit einer Schere abschneiden. Für den Verzehr als grüne Bohnen jung ernten, da ältere Hülsen bis auf wenige Ausnahmen zäh und fädig werden. Die Ernte beginnt Mitte bis Ende Juli. Feuerbohnen sind sehr produktiv und liefern bei regelmäßiger Beerntung viele große Hülsen bis in den Herbst.

ERBSE

AUF EINEN BLICK

AUSSAAT	KEIMDAUER
ab Mitte März bis Anfang Juni, zweite Saat Mitte Juli möglich	8–10 Tage
KEIMTEMPERATUR	**ERNTE**
ab 10 °C, höhere Temperaturen beschleunigen die Keimung	je nach Sorte und Witterung 8–12 Wochen nach der Aussaat

ANBAU

Erbsen sind eine gute Vorkultur für starkzehrende Gemüsearten und stellen geringe Ansprüche an Boden und Witterung. Auch Standorte ohne ganztägige Sonnenstunden werden meist gut vertragen. Ein lockerer, mit etwas Kompost oder Gründüngung vorbereiteter Boden ist ausreichend.

Bewährt haben sich Sorten wie 'Kleine Rheinländerin', 'Blauwschokker' und 'Norli'.

Ausgesät werden Erbsen ab Mitte März direkt ins Freiland in einem Abstand von ca. 2 cm bei 15–20 cm Reihenabstand. Für eine gute Standfestigkeit sollten Erbsen 2–4 cm tief gesät werden. Die Keimdauer beträgt witterungsabhängig etwa zehn Tage. Wenn es im Frühjahr noch sehr kühl ist, kann vorübergehend mit Folie oder Vlies abdeckt werden. Es empfiehlt sich, Erbsen früh im Jahr zu säen, da bei anhaltender sommerlicher Hitze die Blütenbildung zurückgehen oder ganz aussetzen kann. Wichtig ist bei hohen Temperaturen vor allem eine regelmäßige Wasserversorgung. Für eine Herbsternte können Mitte Juli noch mal Zuckerschoten gesät werden. Abhängig von der Sorte erreichen Erbsen eine Höhe von 40–200 cm. Vor allem alte Sorten sind oft hochwachsend. Diese benötigen eine stabile Rankhilfe in Form von Spalieren oder Drahtgittern. Bei niedrigen Sorten reicht es, Reiser zwischen die Reihen zu stecken oder Schnüre zu spannen.

ERNTE

Die Ernte beginnt sortenabhängig acht bis zehn Wochen nach der Aussaat. Die erntereifen Hülsen am besten mit einer Schere abschneiden. Bei regelmäßiger Ernte alle zwei bis drei Tage bilden sich bis in den Sommer hinein laufend neue Blüten und Hülsen.

ZWIEBEL

AUF EINEN BLICK

AUSSAAT	**STECKEN**
ab Februar, Überwinterungssorten ab Juli	Setzen von Steckzwiebeln ab März
KEIMTEMPERATUR	**KEIMDAUER**
16–18 °C	2–4 Wochen
ERNTE	
4–5 Monate nach Aussaat bzw. Stecken der Zwiebeln	

ANBAU

Für den Zwiebelanbau ist ein lockerer, humoser, durchlässiger Boden in voller Sonne erforderlich. Schwere, stark wasserspeichernde Böden können mit Sand aufbereitet werden.

Bewährte Sorten sind z. B. 'Stuttgarter Riesen', 'Robelja', 'De Vaugirard' und 'Borettana'.

Steckzwiebeln werden im Vorjahr gesät und als kleine Zwiebelchen trocken eingelagert, um sie im folgenden Frühling im März und April zu stecken. Spezielle Winterzwiebelsorten können auch bereits im Herbst gesteckt werden. Das obere Drittel der Zwiebel sollte aus dem Boden herausragen. Der Reihenabstand beträgt 20 cm, der Abstand in der Reihe etwa 10 cm.

Zwiebelsamen keimen bereits bei sehr niedrigen Temperaturen, allerdings dauert das dann bis zu vier Wochen. Der Reihenabstand gleicht dem der Steckzwiebeln. Für eine Frühlingsanzucht lohnt es sich, Zwiebeln vorzuziehen. Die optimale Anzuchttemperatur für Zwiebeln liegt bei 16–18 °C. Sobald die Zwiebeln das Dreiblattstadium erreicht haben, sollten sie ausgepflanzt werden.

ERNTE

Während der Kultur kann ein Teil des Laubs geerntet werden. Ebenso können eng gesäte Jungzwiebeln als Frühlingszwiebeln verwendet werden. Ausgereifte, lagerfähige Zwiebeln können ab August geerntet werden. Ihre Reife ist am eingetrockneten und umgeknickten Laub zu erkennen. Die Zwiebeln werden am Laub aus der Erde gezogen und bleiben bei trockenem, sonnigem Wetter noch einige Tage auf dem Beet liegen. Um Fäulnis zu vermeiden, die Zwiebeln täglich umdrehen. Bei feuchter Witterung sollten sie besser an einem luftigen, trockenen Ort nachgetrocknet und gelagert werden.

KNOBLAUCH

AUF EINEN BLICK

PFLANZUNG	ERNTE
September/Oktober und dann wieder im März	Juni/Juli bzw. August/September

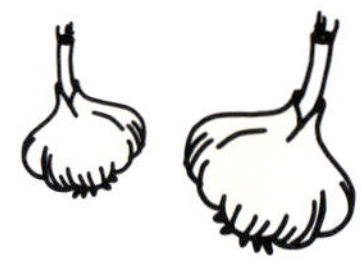

ANBAU

Für ein gutes Gedeihen und die Ausbildung der Knollen benötigt Knoblauch einen humusreichen Boden, der mit reifem Kompost vorbereitet wird. Der Standort sollte möglichst sonnig und frei von Staunässe sein.

Bewährte Knoblauchsorten sind 'Edenrose', 'Thermidrome' sowie 'Messidor'.

Beste Zeit für das Stecken von Knoblauch ist ab September bis Ende Oktober. Knoblauch kann auch im Frühjahr von März bis Anfang April für die Herbsternte gesteckt werden. Bei der Überwinterungskultur bleiben die Pflanzen jedoch gesünder. Dazu werden die einzelnen Zehen mit der Spitze nach oben etwa 5 cm tief in lockere Erde gesetzt. Gesteckt werden kann in Gruppen mit etwa 15 cm Abstand zwischen den einzelnen Zehen.

Beim Sommeranbau können Zwiebelfliegen massive Probleme verursachen. Vor allem bei der Sommerkultur sollte Knoblauch daher in Mischkultur angebaut werden, z. B. in Kombination mit Salat.

ERNTE

Bei Herbstanbau sind Knoblauchknollen ab Ende Juni des folgenden Jahres erntereif. Beim Frühjahrsanbau verschiebt sich die Erntezeit in die Herbstmonate. Wird im Herbst und Frühling angebaut, kann ab Juni bis in den Herbst hinein Knoblauch geerntet werden. Frisch geernteter Knoblauch ist mild-würzig im Aroma. Die Herbsternte kann wie Küchenzwiebeln getrocknet und gelagert werden. Außerdem können auch die Blätter des Knoblauchs über die Vegetationsperiode beerntet und als frische Würze verwendet werden.

LAUCH ODER PORREE

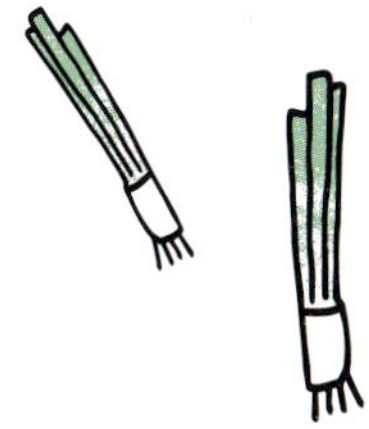

AUF EINEN BLICK

AUSSAAT	KEIMDAUER
Anfang Februar bis Mai	2–3 Wochen
KEIMTEMPERATUR	**PFLANZUNG**
15–20 °C	ca. 12 Wochen nach der Aussaat
ERNTE	
4–5 Monate nach der Aussaat	

ANBAU

Lauch benötigt einen humosen, tiefgründigen und mit Nährstoffen versorgten Boden. Wichtig ist zudem ein sonniger Standort.

Bewährt haben sich die Wintersorten 'Blaugrüner Winter' sowie 'Freezo' und die Sommersorte 'Elefant'.

Sommerlauch wird bereits Anfang Februar und Winterlauch von April bis spätestens Mai gesät. Eine geschützte Aussaat ist notwendig. Die optimale Keimtemperatur liegt bei 15–20 °C. Für die Anzucht ist es wichtig, tiefe Anzuchtkästen mit nährstoffreicher Erde zu verwenden. In den Anzuchtkästen wird das Saatgut entweder breitwürfig oder in Reihen ausgebracht.

Ausgepflanzt werden die Jungpflanzen zwölf Wochen nach der Aussaat in einem Abstand von etwa 10 cm in der Reihe und 20–30 cm zwischen den Reihen. Ein Auspflanzen in Gruppen in Mischkultur mit anderen Gemüsepflanzen ist ebenfalls möglich. Tiefe Pflanzung und Anhäufeln fördern das Wachstum von langen, hellen Lauchstangen. Lauch ist über seine Kulturperiode hinweg dankbar für weitere Düngegaben.

ERNTE

Sommerlauch kann ab Juli/August geerntet werden, wenn die Lauchstangen einen Durchmesser von 2–3 cm aufweisen. Winterlauch kann im Winter im Beet bleiben und nach und nach geerntet werden. Um in Frostperioden Lauch genießen zu können, empfiehlt es sich, den Boden mit Stroh abzudecken. Geerntet wird am besten mit der Grabgabel, damit die tief gepflanzten Stangen beim Herausziehen nicht abbrechen. Lauch lässt sich zudem kühl und luftfeucht einlagern.

IMPRESSUM

Bibliografische Information der Deutschen Bibliothek.

Die Deutsche Bibliothek verzeichnet diese Publikation in der Deutschen Nationalbibliografie.

Detaillierte bibliografische Daten sind im Internet über http://www.dnb.de/ abrufbar.

Die im Buch veröffentlichten Aussagen und Ratschläge wurden von Verfasser und Verlag sorgfältig erarbeitet und geprüft. Eine Garantie für das Gelingen kann jedoch nicht übernommen werden, ebenso ist die Haftung des Verfassers bzw. des Verlags und seiner Beauftragten für Personen-, Sach- und Vermögensschäden ausgeschlossen.

Bei der Verwendung im Unterricht ist auf dieses Buch hinzuweisen.

EIN BUCH DER EDITION MICHAEL FISCHER

2. Auflage 2024

Covergestaltung und Layout: Zoe Mitterhuber
Produktmanagement: Saskia Hauck
Satz: Zoe Mitterhuber
Texte: Annette Holländer
Lektorat: Dr. Sigrun Künkele, Hamburg

Fotos: Kristijan Matic Fotografie, Stuttgart, mit Ausnahme der folgenden: Annette Holländer (S. 36, S. 60), Shutterstock: ©Irina Fischer (Cover hinten, IHV li), ©ulrich22 (Cover hinten, S. 4), ©Rimma Bondarenko (S. 34), ©Luiza Kamalova (S. 45), ©Marta navarroP (S. 48), ©Aksana Yasiuchenia (S. 52), ©Peter Turner Photography (S. 54), ©StockphotoVideo (S. 55)
Illustrationen: Pia von Miller, mit Ausnahme der folgenden: Shutterstock: ©Uniyok (S. 7, S. 11), ©Dustick (S. 33)

Gedruckt bei PNB Print SIA „Jansili", Silakrogs, Ropazu novads, LV-2133, Lettland

www.emf-verlag.de